1판 1쇄 발행 2020년 9월 30일
2판 1쇄 발행 2023년 11월 15일

글쓴이 배은영 | 그린이 오이랑
발행인 오영진 김진갑 | 발행처 제제의숲 | 기획편집 이희자
디자인 디자인페이퍼민트 | 마케팅 박시현 박준서 김승겸 조성은 김수연
출판등록 2013년 1월 25일 제2013-000028호
주소 서울시 마포구 월드컵북로5가길 12 서교빌딩 2층
전화 02-332-3310 팩스 02-332-7741
블로그 blog.naver.com/midnightbookstore
페이스북 www.facebook.com/tornadobook
ISBN 979-11-5873-284-4 74700
ISBN 979-11-5873-283-7 (전5권)
제제의숲은 ㈜심야책방의 자회사입니다.
이 책은 저작권법에 따라 보호를 받는 저작물이므로 무단전재와 무단복제를 금하며,
이 책 내용의 전부 또는 일부를 사용하려면 반드시 저작권자와 제제의숲의 서면 동의를 받아야 합니다.

잘못되거나 파손된 책은 구입하신 서점에서 교환해 드립니다.
맞춤법과 띄어쓰기는 국립국어원의 기준에 따랐습니다.
책 모서리가 날카로워 다칠 수 있으니 사람을 향해 던지거나 떨어뜨리지 마십시오.
종이에 베이지 않게 주의하세요. 책값은 뒤표지에 있습니다.

국어 천재가 된 철수와 영희의 속담 배틀

배은영 글   오이랑 그림

제제의숲

차례

ㄱ
- 01 가까운 남이 먼 일가보다 낫다 · 8
- 02 가는 말이 고와야 오는 말이 곱다 · 10
- 03 가랑비에 옷 젖는 줄 모른다 · 12
- 04 가재는 게 편 · 14
- 05 간에 붙었다 쓸개에 붙었다 한다 · 16
- 06 개구리 올챙이 적 생각 못 한다 · 18
- 07 개똥도 약에 쓰려면 없다 · 20
- 08 계란으로 바위 치기 · 22
- 09 고래 싸움에 새우 등 터진다 · 24
- 10 공든 탑이 무너지랴 · 26
- 11 굼벵이도 구르는 재주가 있다 · 28
- 12 금강산 구경도 식후경 · 30
- 13 까마귀 날자 배 떨어진다 · 32
- 14 꼬리가 길면 밟힌다 · 34
- 15 꿩 먹고 알 먹기 · 36

ㄴ
- 16 낫 놓고 기역 자도 모른다 · 38
- 17 낮말은 새가 듣고 밤말은 쥐가 듣는다 · 40
- 18 내 코가 석 자 · 42
- 19 누워서 침 뱉기 · 44

20 달면 삼키고 쓰면 뱉는다 · 46
21 닭 쫓던 개 지붕 쳐다보듯 · 48
22 등잔 밑이 어둡다 · 50
23 땅 짚고 헤엄치기 · 52
24 똥 묻은 개가 겨 묻은 개 나무란다 · 54
25 뛰는 놈 위에 나는 놈 있다 · 56

26 마른하늘에 날벼락 · 58
27 목마른 놈이 우물 판다 · 60
28 무쇠도 갈면 바늘 된다 · 62
29 물에 빠지면 지푸라기라도 잡는다 · 64
30 미꾸라지 한 마리가 온 웅덩이를 흐려 놓는다 · 66

31 바늘 가는 데 실 간다 · 68
32 바늘구멍으로 황소바람 들어온다 · 70
33 방귀 뀐 놈이 성낸다 · 72
34 배보다 배꼽이 더 크다 · 74
35 뱁새가 황새를 따라가면 다리가 찢어진다 · 76
36 벼 이삭은 익을수록 고개를 숙인다 · 78
37 벼룩의 간을 내먹는다 · 80
38 병 주고 약 준다 · 82
39 비 온 뒤에 땅이 굳어진다 · 84
40 빈 수레가 요란하다 · 86

차례

 ㅅ

41 사공이 많으면 배가 산으로 간다 · 88

42 서당 개 삼 년에 풍월 읊는다 · 90

43 소 잃고 외양간 고친다 · 92

44 손바닥으로 하늘 가리기 · 94

45 수박 겉 핥기 · 96

46 숭어가 뛰니까 망둥이도 뛴다 · 98

47 쏘아 놓은 살이요 엎지른 물이다 · 100

ㅇ

48 약방에 감초 · 102

49 어물전 망신은 꼴뚜기가 시킨다 · 104

50 언 발에 오줌 누기 · 106

51 엎드려 절 받기 · 108

52 열 길 물속은 알아도 한 길 사람의 속은 모른다 · 110

53 열 번 찍어 아니 넘어가는 나무 없다 · 112

54 우물 안 개구리 · 114

55 원님 덕에 나발 분다 · 116

56 윗물이 맑아야 아랫물이 맑다 · 118

57 입은 비뚤어져도 말은 바로 해라 · 120

ㅈ 58 자라 보고 놀란 가슴 솥뚜껑 보고 놀란다 · 122

59 작은 고추가 더 맵다 · 124

60 재주는 곰이 넘고 돈은 되놈이 받는다 · 126

61 지렁이도 밟으면 꿈틀한다 · 128

ㅋ 62 콩 심은 데 콩 나고 팥 심은 데 팥 난다 · 130

ㅌ 63 티끌 모아 태산 · 132

ㅎ 64 하나를 듣고 열을 안다 · 134

65 하늘이 무너져도 솟아날 구멍이 있다 · 136

66 하늘의 별 따기 · 138

67 하룻강아지 범 무서운 줄 모른다 · 140

68 호랑이도 제 말 하면 온다 · 142

69 호미로 막을 것을 가래로 막는다 · 144

70 호박이 넝쿨째로 굴러떨어졌다 · 146

사진 출처 · 148

찾아 보기 · 150

01 가까운 남이 먼 일가보다 낫다

가까이에 사는 이웃끼리 서로 친하게 지내다 보면 먼 곳에 있는 일가(친척)보다 더 친하게 되어 남이지만 서로 도우며 살게 된다는 것을 이르는 말이에요. 이렇게 서로 이웃에 살면서 정이 들어 사촌 형제나 다를 바 없이 가까운 이웃을 '이웃사촌'이라고 해요.

— 윽, 너무 춥다.
— 왜?
— 보일러 고장.
— 또?
— 지금 엄마가 기사 아저씨 불렀는데 세 시간 후에야 온대.
— 당장 우리 집으로 뛰어와. 이웃사촌 됐다 뭐 하냐.
— 가까운 남이 먼 일가보다 낫다 야. 오케이!
— 지난번처럼 캐리어에 짐 싸 오지 말고.
— 헤헤.

같은 속담
- 먼 사촌보다 가까운 이웃이 낫다
- 먼 일가와 가까운 이웃
- 지척의 원수가 천 리의 벗보다 낫다

우리나라에서 가장 많은 일가는 김씨!

'일가'는 '한집안'을 뜻하는 한자어예요. 일가는 '한집에서 사는 가족'을 뜻하기도 하지만, 보통 '성과 본이 같은 겨레붙이'를 말해요. 우리나라에서 가장 많은 성씨는 '김씨'예요. 그다음으로는 이씨, 박씨, 최씨가 뒤를 잇고 있답니다.

모여라, 모여! 같은 성씨들아

시골에는 같은 성씨를 가진 사람이 모여 사는 '집성촌'이 있어요. 아주 가까운 친척부터 8촌에 이르는 먼 친척까지 대대로 함께 모여 한 마을을 이뤄 살아요. 우리나라의 대표적인 집성촌으로는 풍산 류씨 집성촌인 '안동 하회 마을', 월성 손씨와 여강 이씨 집성촌인 '경주 양동 마을', 성산 이씨 집성촌인 '성주 한개 마을' 등이 있어요. 하회 마을과 양동 마을은 유네스코 세계 문화유산으로 지정되었답니다.

▲경주 양동 마을

▲안동 하회 마을

촌수! 너와 나의 연결고리

우리나라에는 어느 친척이 나와 얼마만큼 가깝고 먼지를 알려 주는 '촌수'가 있어요. '촌'은 '마디'를 나타내는 말인데, 촌수는 부모와 자식 간의 관계를 1촌으로 따져요.

02 가는 말이 고와야 오는 말이 곱다

자기가 남에게 말이나 행동을 좋게 해야 남도 자기에게 좋게 한다는 뜻이에요.
먼저 말을 건네는 사람이 예의 바르게 말하는 것이 중요하다는 것을 의미한답니다.

- 미술 시간에 붓 빌려줘서 고마워.
- 고맙긴 뭘.
- 근데 너 깍쟁이 윤주한테도 빌려주더라. 흥! 메롱이다.
- 나도 메롱이다.
- 메아리냐? 왜 따라 해?
- 가는 말이 고와야 오는 말이 곱다잖아.
- 그럼 내 고운 손맛을 보여 주마!
- 으아악!

받아라!
퍽
가는 말
악! 두고 보자!
오는말

같은 속담
= 가는 떡이 커야 오는 떡이 크다
= 가는 정이 있어야 오는 정이 있다

영어 표현
* One ill word asks another.
  가는 말이 고와야 오는 말이 곱다.

야호! 되돌아오는 메아리

'가는 말이 고와야 오는 말이 곱다'는 메아리와 닮아 있어요. 메아리는 울려 퍼진 소리가 산이나 절벽 같은 데에 부딪쳐 되울려 오는 소리를 말해요. 산에서 "야호!"라고 외치면 잠시 후 "야호!"라고 되돌아오는 게 바로 메아리지요. 메아리는 '산울림'이라고도 하고, 영어로는 '에코'라고 한답니다.

숲의 요정 에코

그리스 로마 신화에 나오는 숲의 요정 에코는 헤라 여신의 미움을 사 남이 한 말의 끝부분만을 따라서 말하는 벌을 받아요. 어느 날 에코는 숲으로 사슴 사냥을 나온 나르키소스에게 첫눈에 반해 사랑에 빠져요. 그러나 나르키소스는 자신의 말 끝부분만 따라 하는 에코의 행동을 이상히 여겨 숲을 떠나고 말아요. 슬픔에 젖은 에코는 점점 몸이 여위다 끝내 흔적도 없이 사라져 목소리만 남게 되었지요.

▲ 니콜라 푸생, <에코와 나르키소스>, 1630년경, 루브르 박물관

대화 예절과 관련된 속담

- **아 해 다르고 어 해 다르다**
  '아' 하고 말하는 것과 '어' 하고 말하는 것은 다르다는 말이에요. 같은 내용의 이야기라도 이렇게 말하여 다르고 저렇게 말하여 다르다는 뜻의 속담이지요.

- **말이 고마우면 비지 사러 갔다가 두부 사 온다**
  상대가 말을 고맙게 하면 자신이 생각했던 것보다 훨씬 더 후하게 해 준다는 말이에요.

- **말 한마디에 천 냥 빚도 갚는다**
  말만 잘하면 어려운 일이나 불가능해 보이는 일도 해결할 수 있다는 말이에요.

속담 더하기

➕ **가루는 칠수록 고와지고 말은 할수록 거칠어진다**
가루는 체에 칠수록 고와지지만 말은 길어질수록 시비가 붙을 수 있고 마침내는 말다툼까지 가게 되니 말을 삼가라는 뜻.

➕ **낮말은 새가 듣고 밤말은 쥐가 듣는다**
1. 아무도 안 듣는 곳이더라도 말조심을 해야 한다는 말.
2. 아무리 비밀히 한 말이라도 반드시 남의 귀에 들어가게 된다는 말.

가랑비에 옷 젖는 줄 모른다

가늘게 부슬부슬 내리는 비는 조금씩 젖어 들기 때문에 옷이 젖는 것도 깨닫지 못한다는 말이에요. 아무리 사소한 것이더라도 거듭되면 무시하지 못할 정도로 크게 됨을 뜻하는 속담이랍니다.

이 정도 비에 다 젖다니!

ㅋㅋㅋ

[채팅]
- 자냐?
- 이제 자려고. 무슨 일?
- 너 방학 숙제 일기 다 썼어?
- 당연하지! 매일 빼먹지 않고 썼는걸.
- 망했다! ㅠㅠ 난 내일 쓰지, 내일 쓰지 하다가 하나도 못 썼어.
- 가랑비에 옷 젖는 줄 모른다 하더니. 쯧쯧.
- 이제 이틀 후면 개학인데 어쩌지?
- 내일까지 40개 쓰려면…. 허걱!
- 아, 진짜 망했다!

비슷한 속담

🔹 **마른나무에 좀먹듯**
건강이나 재산이 모르는 사이에 점점 쇠하거나 없어짐을 비유적으로 이르는 말이에요.

비는 어떻게 만들어질까?

공기 중에 떠다니던 수증기는 햇빛을 받아 따뜻해지면 하늘로 올라가요. 이때 먼지도 한데 엉기어 뭉쳐지지요. 이렇게 만들어진 물방울 덩어리가 '구름'이에요. 작은 구름 입자는 다른 구름 입자와 부딪혀 뭉쳐지고 점점 커지다가 0.2밀리미터보다 커지면 중력 때문에 땅으로 떨어져요. 이것이 바로 비랍니다.

물의 순환

빗방울의 크기

빗방울의 크기는 지름이 보통 1~2밀리미터 정도예요. 여름날 세차게 내리는 소나기는 2~7밀리미터 정도지요. 빗방울이 아주 클 때는 땅으로 떨어지다가 작게 갈라져 버리고, 0.5밀리미터보다 크기가 작을 때는 땅으로 떨어지는 속도가 아주 느려져서 안개비가 되어 내려요.

비 오는 날 파리의 거리

화가 귀스타브 카유보트가 1877년에 그린 그림이에요. 비가 내려 젖은 거리와 물이 고여 반짝이는 보도블록, 세밀하게 그려진 건물, 파스텔 톤의 하늘 등 세련되고 우아한 파리의 모습을 사실적으로 표현하고 있어요.

▲ 귀스타브 카유보트, 〈비 오는 날 파리의 거리〉, 1877년, 시카고 미술관

비를 표현한 예쁜 우리말

- **여우비**: 볕이 나 있는 날 잠깐 오다가 그치는 비.
- **는개**: 안개비보다는 조금 굵고 이슬비보다는 가는 비.
- **먼지잼**: 비가 겨우 먼지나 날리지 않을 정도로 조금 옴.
- **작달비**: 장대처럼 굵고 거세게 좍좍 내리는 비.(=장대비)

가재는 게 편

집게발이 달리고 딱딱한 껍데기를 가진 가재가 생김새가 비슷한 게의 편을 들어준다는 뜻이에요. 모양이나 형편이 서로 비슷한 것끼리 잘 어울리고, 사정을 보아주며 감싸 주기 쉬움을 비유적으로 이르는 말이랍니다.

- 너 급식 줄 설 때 자꾸 새치기할래?
- 아, 그거. 지우랑 장난치다가. ㅋㅋ
- 한두 번도 아니고 정말!
- 너희 엄마도 저번에 새치기하는 거 내가 봤는데.
- 언제?
- 아침에 버스 타시면서.
- 우리 엄마는 바쁘니까 그렇지.
- 가재는 게 편이라더니, 첫.
- 가재 집게발에 한번 물려 볼래?
- 아이코, 무서워라! ㅋㅋ

같은 속담
- 가재는 게 편이요 초록은 한 빛이라
- 검둥개는 돼지 편
- 검정개 한패
- 솔개는 매 편
- 이리가 짖으니 개가 꼬리를 흔든다

'유유상종'과 '초록동색'

'가재는 게 편'과 비슷한 뜻의 한자성어로 '유유상종'과 '초록동색'이 있어요. 흔히 '끼리끼리 만났다'라고 표현하는데, 유유상종은 비슷한 생김새나 생각, 상황을 가진 무리끼리 잘 어울릴 때 쓰는 말이고, 초록동색은 같은 처지에 있는 사람들끼리 같이 어울릴 때 쓰는 말이랍니다.

가재와 게

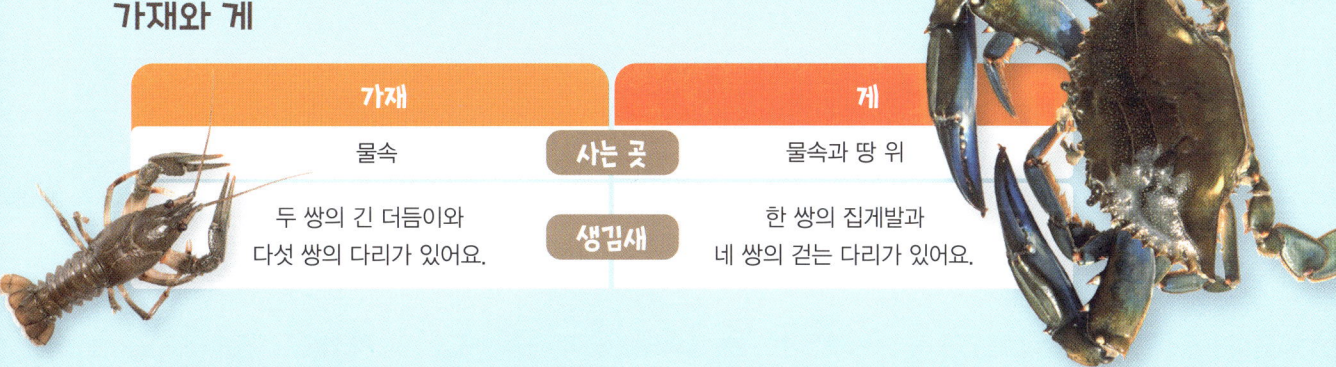

가재		게
물속	사는 곳	물속과 땅 위
두 쌍의 긴 더듬이와 다섯 쌍의 다리가 있어요.	생김새	한 쌍의 집게발과 네 쌍의 걷는 다리가 있어요.

가재걸음과 게걸음

가재와 게의 공통점은 물속에서 살며, 머리가슴·배가 마디로 되어 있고, 딱딱한 껍데기를 가진 갑각류라는 거예요. 하지만 언뜻 비슷해 보이는 가재와 게도 확실히 구분되는 차이점이 있어요. 바로 '걸음걸이'예요. 가재는 앞뒤로 걸을 수 있지만, 게는 옆으로 걸어요. 그래서 가재처럼 슬금슬금 뒷걸음질하는 걸음을 '가재걸음'이라고 하고, 게처럼 옆으로 걷는 걸음을 '게걸음'이라고 한답니다.

앞으로 걷는 게도 있다고?

대부분의 게는 다리가 열 개 있는데, 다리가 몸통 옆에 붙어 있는데다가 옆으로만 구부러져 있고, 다리의 앞뒤 간격이 좁아서 옆으로 걸을 수밖에 없지요. 하지만 앞으로 걷는 게도 있답니다. 바로 '밤게'예요. 밤게는 밤톨처럼 작고 둥글게 생겼는데, 느리기는 해도 집게다리를 비스듬히 들고 앞으로 걸을 수 있어요.

▲ 밤게

속담 더하기

● 도랑 치고 가재 잡는다
좁은 개울이나 논가의 물길을 만들기 위해 땅을 고르거나 파냈는데, 가재까지 잡게 되었다는 말로, 한 가지 일로 두 가지 이익을 본다는 뜻의 속담.

● 마파람에 게 눈 감추듯
마파람(남쪽에서 불어오는 바람)이 불면 게가 겁을 먹고 급히 눈을 감추는데, 이처럼 빠른 속도로 음식을 먹는 모습을 비유적으로 이르는 말.

간에 붙었다 쓸개에 붙었다 한다

자기에게 조금이라도 이익이 되는 쪽에 이리 붙었다 저리 붙었다 함을 비유하는 말이에요. 속도 없이 이랬다저랬다 하는 사람을 가리킬 때 쓰는 속담이랍니다.

> 너 아까 보니까 메뚜기 같더라.

> 뭐가?

> 예슬이 우산 쓰다가, 갑자기 지우 우산 속으로 뛰어가던데.

> 아, 봤어?
> ㅋㅋ 우산을 안 가져와서 처음에 예슬이 우산을 같이 썼는데, 지우 우산이 왕 큰 거야. 그래서 지우랑 같이 쓰려고 또 옮겼지.

> 풉!
> 간에 붙었다 쓸개에 붙었다 했네.

> 넌 보고 있었으면 우산 좀 씌워 주지, 그냥 있었냐?

> 나? 나도 우산 없어서 비 맞고 갔다고. -_-;

같은 속담
- 간에 가 붙고 염통에 가 붙는다
- 쓸개에 가 붙고 간에 가 붙는다

간과 쓸개

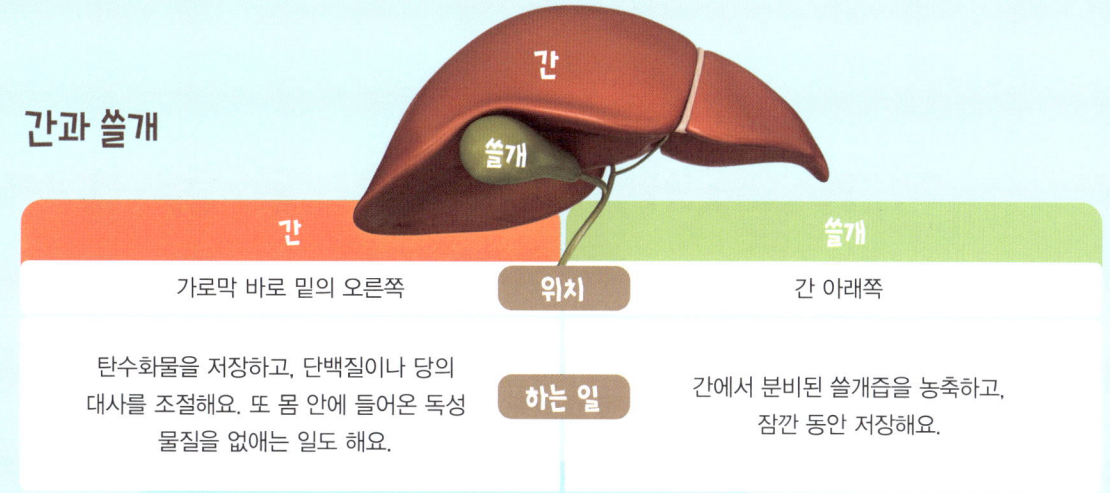

간		쓸개
가로막 바로 밑의 오른쪽	위치	간 아래쪽
탄수화물을 저장하고, 단백질이나 당의 대사를 조절해요. 또 몸 안에 들어온 독성 물질을 없애는 일도 해요.	하는 일	간에서 분비된 쓸개즙을 농축하고, 잠깐 동안 저장해요.

간담이 서늘해!

아주 무서운 영화를 볼 때 가슴이 쿵 내려앉은 듯하고, 머리가 쭈뼛쭈뼛 서고, 피부에 오돌토돌 소름이 돋으면서 이상한 기분이 든 적 있나요? 이렇게 몹시 놀라서 섬뜩한 기분이 들 때 '간담이 서늘하다'라고 하는데, 이때 '간담'이 바로 '간과 쓸개'예요. 쓸개를 한자로 쓰면 '膽'이고 '담'이라고 읽어요. 한의학에서는 우리 몸의 장기 중에서 심리적인 자극에 가장 예민한 장기로 간과 쓸개를 꼽아요. 우리가 무서운 감정을 가질 때 몸에 힘이 쭉 빠지면서 서늘한 기운이 드는 느낌을 '간담이 서늘하다'고 표현해요.

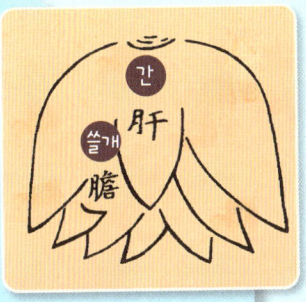

▲ 《동의보감》에 실려 있는 간과 쓸개 그림

간과 쓸개를 넣어 자주 쓰는 관용어*

- 간 떨어지다: 몹시 놀라다.
- 간이 크다: 겁이 없고 매우 대담하다.
- 간에 기별도 안 가다: 먹은 것이 너무 적어 먹으나 마나 하다.
- 간이 콩알만 해지다: 몹시 두려워지거나 무서워지다.
- 쓸개가 빠지다: 하는 짓이 사리에 맞지 아니하고 줏대가 없다.

속담 더하기

- 쓸개 빠진 놈
  정신을 차리지 못하는 사람을 낮잡아 이르는 말.

- 도깨비 쓸개라
  무엇이나 보잘것없이 작고 추잡한 것임을 비유적으로 이르는 말.

* 관용어란?
두 개 이상의 낱말로 이루어져 있으면서 그 낱말들의 의미만으로는 전체의 의미를 알 수 없는, 특수한 의미를 나타내는 어구예요.

06 개구리 올챙이 적 생각 못 한다

매끈한 몸에 네 다리로 폴짝폴짝 뛰어다니는 개구리가 둥근 몸통에 꼬리로 물속을 헤엄치던 어린 시절의 올챙이일 때를 생각하지 못한다는 말이에요. 형편이나 사정이 전에 비하여 나아진 사람이 지난날의 미천하거나 어렵던 때의 일을 생각지 않고 처음부터 잘난 듯이 뽐냄을 뜻하는 속담이지요.

아싸! 나 온라인 속담 퀴즈 100점 받았어.

뭐? 정말이야?

뭘 그렇게 놀라냐. 나 원래 이런 사람이야. 좀 멋있지?

개구리 올챙이 적 생각 못 한다더니.

내가 언제 올챙이였던 적 있었냐?

일생이 올챙이였지. 큭. 작년까지 속담 하나도 몰라서 퀴즈 시간에 웅크리고 있었던 거 기억 안 나?

과거의 일은 묻어 두라.

같은 속담 = 올챙이 적 생각은 못 하고 개구리 된 생각만 한다

개구리의 한살이, 올챙이가 개구리로

개구리가 낳은 알이 올챙이가 되고, 올챙이가 개구리로 변화해요. 우무질에 싸인 알에서 올챙이가 태어나고, 올챙이에 뒷다리가 생긴 다음, 앞다리가 생기고, 꼬리가 짧아지다가, 개구리가 되지요. 이렇게 알, 올챙이, 개구리로 변하는 각 단계는 보통 몇 주일 걸리지만, 이보다 오래 걸리는 종도 있어요.

올챙이와 개구리 전격 해부!

올챙이		개구리
물속	사는 곳	물속과 땅 위
꼬리가 있음	생김새	네 개의 다리가 있음
아가미	호흡	허파와 피부
플랑크톤, 죽은 동물	먹이	움직이는 벌레와 곤충

생태계의 순환, 먹이 사슬

다 자란 벼는 메뚜기가 먹고, 메뚜기는 개구리가 잡아먹고, 개구리는 뱀에게 먹히지요. 또 뱀은 올빼미에게 잡아먹혀요. 이렇게 생태계에서 먹이를 중심으로 먹고 먹히는 관계를 '먹이 사슬(먹이 연쇄)'이라고 해요.

얽히고설킨 먹이 그물

개구리는 메뚜기, 귀뚜라미, 잠자리, 파리 등을 잡아먹고, 반대로 뱀이나 오리, 새 등에게 잡아먹혀요. 뱀 역시 개구리, 쥐, 새 등을 잡아먹고, 반대로 올빼미나 멧돼지, 매 등의 먹이가 되지요. 이처럼 생태계에서 여러 생물의 먹이 사슬이 그물처럼 복잡하게 이루어져 있는 먹이 관계를 '먹이 그물'이라고 한답니다.

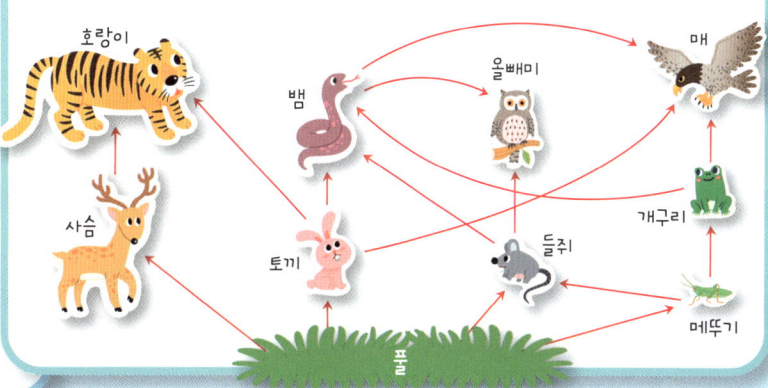

07 개똥도 약에 쓰려면 없다

옛날에는 길에서 흔히 개똥을 볼 수 있었어요. (지금은 동물 보호법에 따라 배설물을 즉시 치우지 않으면 안 되지만요.) 흔하디흔한 개똥도 어딘가에 써먹으려고 하면 보이지 않는다는 말이에요. 평소에 흔하던 것도 막상 쓰려고 구하면 없다는 뜻의 속담이랍니다.

- 10원짜리 모아 둔 거 아직 있지?
- 아니, 없는데. 왜?
- 10원 동전을 연도별로 모으고 있는데, 없는 연도가 있어서.
- 어제 돼지 저금통 들고 은행 가서 다 저금했지.
- 흑. ㅠㅠ 개똥도 약에 쓰려면 없다더니.
- 동전 모으기가 새로운 취미냐?
- 방금 취미 접었어.
- 작심삼일이 아니라, 작심삼분이네.

같은 속담
- 까마귀 똥도 약에 쓰려면 오백 냥이라
- 까마귀 똥도 약이라니까 물에 깔긴다
- 쇠똥도 약에 쓰려면 없다

북한에서는 이렇게 써요
- 고양이 똥도 약에 쓰려면 없다

정말 개똥을 약으로 쓸 수 있을까?

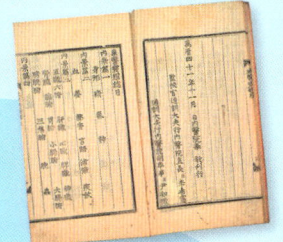
▲ 허준의 《동의보감》

허준의 한의학서 《동의보감》에 '모구'라 하여 수캐의 고기, 피, 간 등을 약재로 쓸 수 있다고 소개하고 있어요. 그중 '흰 개의 똥은 단단하고 뿌리가 깊은 부스럼이나 부스럼에서 나는 고름의 모든 독을 치료한다'라고 쓰여 있어 옛날에는 개똥이 약으로 쓰였음을 알 수 있어요. 하지만 지금은 이런 증상에 훨씬 좋은 약이 많기 때문에 개똥을 쓸 필요가 없어요.

흔하디흔한 '개똥'이 붙은 이름

옛날에는 흔하게 볼 수 있는 것에 '개똥'이라는 말을 넣어 이름에 붙였어요. 예를 들어, 흔했던 반딧불이의 다른 이름인 '개똥벌레', 지빠귀류 새 중에서 흔했던 '개똥지빠귀', 개똥처럼 노란 꽃이 피는 흔한 풀인 '개똥쑥'이 있어요. 또 '개똥이'라는 이름은 서민들이 자주 썼던 이름으로, 전라도 지역에서는 무병장수를 기원하는 의미에서 개똥이라는 이름을 지었다고 해요.

▲ 늦반딧불이

꼭 지켜야 할 동물 보호법

동물의 안전과 생명을 보호하고 관리하며, 복지 수준을 높이기 위해 필요한 사항을 법으로 정하고 있어요. 동물을 잃어버리는 일을 방지하려는 목적으로 동물 등록을 하고, 인식표를 달아요. 다른 사람에게 피해가 가지 않도록 맹견에게는 목줄과 입마개를 의무화하고, 배설물을 치우지 않을 경우 과태료를 부과하는 등의 법이 있지요. 반려동물을 키우는 사람은 동물 보호법에 관심을 가지고 꼭 지켜야 할 의무가 있답니다.

반려견 에티켓

① 가까운 동물 병원에 가서 동물 등록을 해요.
② 외출할 때는 인식표(주인의 이름, 전화번호, 동물 등록 번호)를 달고, 목줄과 입마개 등 안전장치를 해요.
③ 공공건물(특히 엘리베이터)에서는 더 조심을 시켜요.
④ 배설물은 바로바로 수거해요.

속담 더하기

➕ **개똥도 약에 쓴다**
아무리 하찮은 물건이라도 요긴하게 쓰일 때가 있음을 비유적으로 이르는 말.

➕ **개똥밭에 굴러도 이승이 좋다**
아무리 천하고 고생스럽게 살더라도 죽는 것보다는 사는 것이 나음을 이르는 말.
= 거꾸로 매달아도 사는 세상이 낫다
= 땡감을 따 먹어도 이승이 좋다
= 말똥에 굴러도 이승이 좋다

➕ **개똥밭에 인물 난다**
미천한 집안이나 변변하지 못한 부모에게서 훌륭한 인물이 나는 경우를 이르는 말.
= 개천에서 용 난다

계란으로 바위 치기

깨지기 쉬운 계란으로는 절대로 단단한 바위를 부술 수 없다는 말이에요.
굽히거나 지지 않으려고 맞서도 도저히 이길 수 없다는 뜻의 속담이랍니다.

같은 속담
- 달걀로 바위 치기
- 바위에 달걀 부딪치기
- 바위에 머리 받기

한자 표현

○ 以卵投石(이란투석) 달걀로 돌을 친다
以 써 이 / 卵 알 란(난) / 投 던질 투 / 石 돌 석

계란으로 바위를 깨트릴 수 있다!

날계란으로 바위를 깨트리는 건 불가능해요. 그런데 얼린 계란이라면 가능성이 있어요. 섭씨 영하 190도인 액체 질소에 넣어 얼린 계란은 야구공보다 단단하거든요. 힘이 센 사람이 약간 무른 바위에 얼린 계란을 던지면 금이 갈 수 있답니다.

계란이랑 달걀, 뭐가 맞아?

계란과 달걀? 뭐가 맞는 말일까요? 정답은…… 둘 다 맞는 말이에요! 계란은 한자어, 달걀은 고유어일 뿐이에요. 한자어는 한자를 바탕으로 하여 만들어진 낱말로 학교(學校), 친구(親舊), 속담(俗談) 등이 있고, 고유어는 순수 한글로 된 우리말로, 아버지, 어머니, 하늘, 땅 등이 있지요. 또 한자어와 고유어가 함께 쓰이는 경우도 있어요. 바로 계란(鷄卵)과 달걀처럼요. 이것 말고도 남매(男妹)와 오누이, 유성(流星)과 별똥별 등이 있답니다.

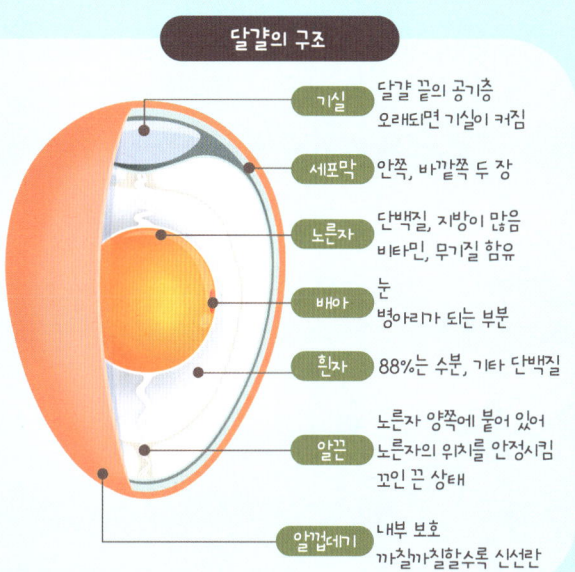

달걀의 구조
- 기실: 달걀 끝의 공기층 오래되면 기실이 커짐
- 세포막: 안쪽, 바깥쪽 두 장
- 노른자: 단백질, 지방이 많음 비타민, 무기질 함유
- 배아: 눈 병아리가 되는 부분
- 흰자: 88%는 수분, 기타 단백질
- 알끈: 노른자 양쪽에 붙어 있어 노른자의 위치를 안정시킴 꼬인 끈 상태
- 알껍데기: 내부 보호 까칠까칠할수록 신선란

흰색 달걀 줄까? 갈색 달걀 줄까?

▼두 가지 색의 달걀

달걀을 보면 어떤 건 흰색이고, 어떤 건 갈색이에요. 달걀 껍데기 색이 다른 이유는 어미 닭의 깃털 색깔 때문이래요. 어미 닭의 깃털 색에 따라 흰색 닭은 흰색 달걀을, 갈색 닭은 갈색 달걀을 낳아요. 하지만 그뿐, 달걀 껍데기 색이 달라도 달걀의 영양소에는 차이가 없어요. 달걀에는 우리 몸에 꼭 필요한 필수 영양소인 단백질과 지방이 풍부하고, 철분과 비타민, 무기질도 많이 들어 있답니다.

신선한 달걀 고르는 요령

껍데기에 이물질이 없고 금이 가지 않았으며, 만졌을 때 거친 느낌이 드는 것을 고르는 게 좋아요. 또 깨뜨렸을 때 노른자가 도톰하게 올라와 있고 색이 선명하며, 흰자가 퍼지지 않는 것이 신선한 것이랍니다.

속담 더하기

➕ **계란에도 뼈가 있다**
늘 일이 잘 안되던 사람이 모처럼 좋은 기회를 만났지만, 그 일마저 역시 잘 안됨을 이르는 말.
= 달걀에도 뼈가 있다
= 안되는 놈은 두부에도 뼈라

09 고래 싸움에 새우 등 터진다

몸집이 크고 힘이 센 고래들의 싸움에 작고 약한 새우가 다친다는 말이에요. 강한 자들끼리 싸우는 통에 아무 상관도 없는 약한 자가 중간에 끼어 피해를 입게 된다는 뜻의 속담이랍니다.

> 너희 언제까지 싸울 거야?
>
> 누구?
>
> 너랑 윤지 말이야.
>
> 글쎄. 윤지가 먼저 화해 신청할 때까지?
>
> 오늘, 나 사이에 두고 서로 지우개 던진 거 정말 너무했어. 으흑흑. ㅜㅜ 애들이 옆에서 하는 말 들었어?
>
> 고래 싸움에 새우 등 터지고 있다고? ㅋㅋ 들었지.
>
> 너희 때문에 졸지에 새우 됐잖아.
>
> 딱 넌데, 뭘 그래. ㅋㅋ.

한자 표현
- 鯨戰蝦死(경전하사) 고래 싸움에 새우 등 터진다
  鯨 고래 경 / 戰 싸울 전 / 蝦 새우 하 / 死 죽을 사

북한에서는 이렇게 써요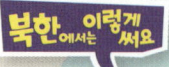
- 두꺼비 싸움에 파리 치인다

고래와 새우

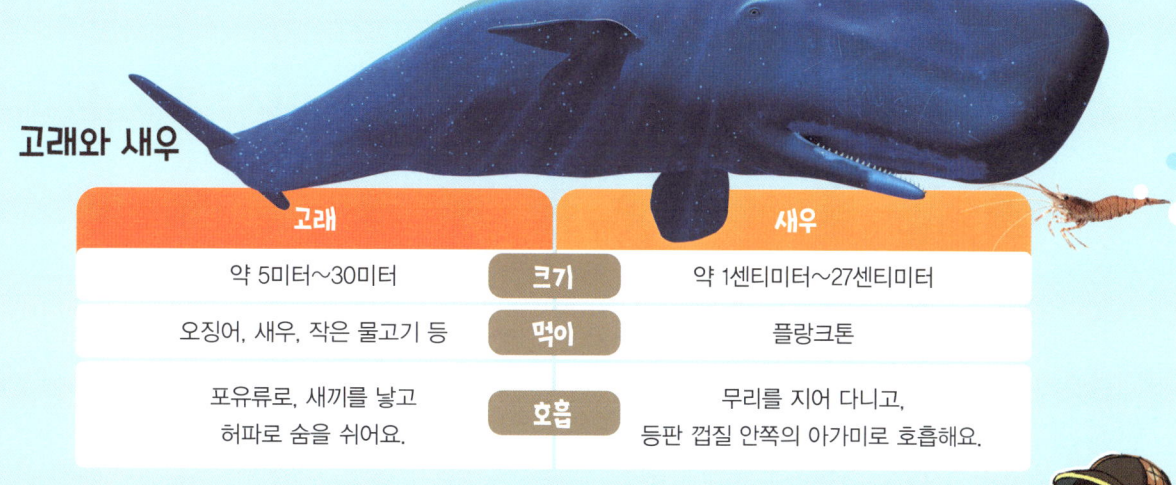

고래		새우
약 5미터~30미터	크기	약 1센티미터~27센티미터
오징어, 새우, 작은 물고기 등	먹이	플랑크톤
포유류로, 새끼를 낳고 허파로 숨을 쉬어요.	호흡	무리를 지어 다니고, 등판 껍질 안쪽의 아가미로 호흡해요.

사람이 고래와 싸우다, 고래잡이

덩치가 사람보다 몇 배나 더 큰 고래를 잡기 위해서 사람은 고래와 싸웠어요. 고래는 고기로 먹기도 하지만, 뼈와 지방에서 나온 기름으로 식료품과 화장품, 비누, 양초, 약품 등을 만들기도 했어요. 또 고래의 아래턱뼈는 공예품의 재료로 쓰였지요.

우리나라에서 고래를 잡기 시작한 것은 신석기 시대까지 거슬러 올라가요. 국보 제285호인 울산 대곡리 반구대 암각화에는 선사 시대 사람의 생활상과 다양한 동물이 새겨져 있는데, 새겨진 바다 동물 75마리 가운데 고래가 절반이 넘어요. 반구대 암각화는 인류 최초의 포경 유적으로 평가되고 있답니다.

▼반구대 절벽의 암각화에 새겨진 고래들

새우 싸움에 고래 등이 터진다고?

덩치가 큰 고래 싸움에 새우 등이 터지는 건 당연한 이야기 같지만 아주 작은 새우들 싸움에 고래 등이 터질 수 있을까요? '고래 싸움에 새우 등 터진다'와는 반대로 '새우 싸움에 고래 등 터진다'라는 속담이 있어요. 이 속담은 아랫사람이 저지른 일 때문에 윗사람에게 해가 미치는 경우나 남의 싸움에 관계없는 사람이 해를 입는 경우를 비유적으로 이르는 말이랍니다.

속담 더하기

➕ 고래 그물에 새우가 걸린다
목적하던 바는 얻지 못하고 쓸데없는 것만 얻게 된다는 말.
＝고기는 안 잡히고 송사리만 잡힌다

10 공든 탑이 무너지랴

정성과 노력으로 쌓은 탑은 무너질 리 없다는 말이에요. 힘을 다하고 정성을 다하여 한 일은 그 결과가 반드시 헛되지 않고 좋은 결과를 얻을 수 있음을 뜻한답니다.

탑이 궁금해!

탑은 여러 층으로 또는 높고 뾰족하게 세운 건축물을 말해요. 시대에 따라, 종교에 따라, 또 나라마다 탑의 모습과 기능이 조금씩 다르지요. 군사적 목적으로 탑을 쌓기도 하고, 교회에서 시각을 알리기 위해 종탑을 세우기도 하고, 우리나라와 같이 불교가 널리 퍼졌던 나라에서는 부처의 말씀을 모시고 전하기 위해 탑을 세웠어요.

▲ 불국사 다보탑

▲ 불국사 석가탑(삼층 석탑)

다보탑과 석가탑

불국사 대웅전 앞뜰에 세워진 다보탑과 석가탑은 동서로 마주 보고 서 있어요. 다보탑은 다보여래의 사리를 모셔 세운 탑으로, 국보 제20호로 지정되어 있어요. 석가탑은 《법화경》에 등장하는 석가모니 불상을 탑의 양식으로 상징하여 세워진 것으로, 국보 제21호예요.

쓰러진다, 조심해! 피사의 사탑

무너지지 않을까 걱정이 들 정도로 기우뚱하게 기울어져 있는 탑이 있어요. 바로 이탈리아 서부 토스카나 지방의 도시 피사에 있는 '피사의 사탑'이에요. 1173년에 탑을 짓기 시작했는데, 몇 년 지나지 않아 탑이 기울어진다는 걸 알았어요. 여러 차례의 공사 끝에 1350년 8층의 종탑을 완성했지만 탑이 점점 기울자 1990년부터 약 10년에 걸친 보수 공사를 하여 현재는 5.5도의 기울기에서 멈춰 있어요.

▲ 피사의 사탑

속담 더하기

+ **개미구멍으로 공든 탑 무너진다**
조그마한 실수나 방심으로 큰일을 망쳐 버린다는 말.

+ **개미는 작아도 탑을 쌓는다**
아무리 보잘것없고 힘이 없는 사람이라도 꾸준히 노력하고 정성을 들이면 훌륭한 일을 이룰 수 있다는 말.

11 굼벵이도 구르는 재주가 있다

아무것도 하지 못할 것 같은 뚱뚱하고 느린 굼벵이도 구르는 재주를 가지고 있다는 말이에요. 아무 능력이 없다고 생각하는 사람도 한 가지 재주는 있음을 뜻하는 속담이랍니다.

어제 댄스 대회 때 찍은 사진 보내 줘.

오, 굼벵이도 구르는 재주가 있다더니. 사진 좀 찍는데!

우쒸. 내가 얼마나 다재다능한데.

큭큭. 또 뭘 잘하는데?

이게 다 나의 포샵 덕분이라고.

헐! 모델이 좋아서 그런 거 아니고?

말.잇.못.

어떻게 구르더라?

훗! 내가 한 수 가르쳐 주지!

같은 속담
= 굼벵이도 꾸부리는 재주가 있다

속담 하나를 두 가지 상황에서!

'굼벵이도 구르는 재주가 있다'는 속담에는 한 가지 뜻이 더 있어요. 아무런 능력이 없는 사람이 남의 관심을 끌 만한 행동을 하는 것을 놀릴 때도 이 속담을 쓸 수 있거든요. 연기를 너무 못하는 연극반 친구가 연극 공연 중에 자기 발에 걸려 넘어지자 관객들이 웃으면서 '굼벵이도 구르는 재주가 있네' 하고 말하는 경우가 해당되지요.

뚱뚱한 굼벵이라고 놀리지 마!

굼벵이는 매미, 풍뎅이, 하늘소와 같은 풍뎅이, 딱정벌레류의 애벌레를 말해요. 누에와 비슷하게 생겼지만 누에보다 몸의 길이가 더 짧고 뚱뚱하지요. 하지만 이렇게 뚱뚱하고 행동이 느린 굼벵이도 누군가 흙을 파헤쳐 위험하다고 느끼면 재빨리 흙 속으로 파고들어요.

▲ 딱정벌레의 애벌레인 굼벵이

꼬물꼬물 애벌레

애벌레는 알에서 나온 후 아직 다 자라지 않은 벌레를 말해요. '유충'이라고도 하시요. 완전 탈바꿈(완전 변태)을 하는 곤충은 번데기가 되기 전까지를 애벌레라고 하고, 불완전 탈바꿈(불완전 변태)을 하는 곤충은 성충이 되기 전까지를 애벌레라고 해요.

굼벵이는 정말 잘 구를까?

보통 우리가 굼벵이라고 부르는 흰점박이꽃무지의 애벌레는 성충이 되기 전까지 항상 어두운 흙 속에서 생활을 해서 눈이 퇴화되어 있어요. 그래서 햇빛을 받으면 눈에 상처를 입기 때문에 햇빛을 피해 어두운 곳으로 재빨리 이동하려고 해요. 이때 흰점박이꽃무지 굼벵이는 배를 위로 하고 등으로 구르며 기어가요. 이렇게 구르면 눈이 받는 햇빛도 적고, 기어가는 것보다 빨리 갈 수 있지요. 굼벵이가 구르는 모습을 보고 이 속담을 만든 우리 조상들의 관찰력이 참 대단해요.

12 금강산 구경도 식후경

산새가 빼어난 금강산 구경도 밥을 먹은 다음에야 즐겁게 감상할 수 있다는 말이에요. 아무리 재미있는 일이라도 배가 불러야 흥이 나지 배가 고파서는 아무 일도 할 수 없음을 뜻하는 속담이랍니다.

야! 금강산 안 가?

밥부터 좀 먹고.

왜 이렇게 안 와? 나 박물관 앞이야.

나 지금 현우랑 근처에서 핫도그 먹고 있어.

뭐라고? 갑자기 핫도그를 왜 먹어?

금강산도 식후경이잖아. ㅋㅋ 배가 고파서 먹고 들어가려고.

치사하게 너희만 먹기냐!

너 다이어트해서 안 먹는 줄 알았지.

나도 먹고 싶단 말이야.

알았어. 가져갈게.

정말?

냄새 가져간다고. ㅋㅋ.

같은 속담
- 금강산 구경도 먹은 후에야 한다
- 금강산 구경도 식후경이라
- 꽃구경도 식후사

영어 표현
- Pudding rather than praise.
칭찬보다 푸딩이 낫다.

볼수록 아름답고 신기한 산

금강산은 태백산맥에 딸려 있고, 강원도 북부의 회양군, 고성군, 통천군 등에 걸쳐 있는 산이에요. 가장 높은 봉우리인 비로봉(1638미터)을 비롯해 옥녀봉, 금수봉, 영랑봉, 월출봉, 세존봉 등 1만 2천 개가 넘는 봉우리가 웅장한 모습으로 솟아 있어요. 금강산은 주로 편마암과 화강암으로 이루어져 있는데, 아주 오랜 시간에 걸친 풍화와 침식 작용으로 깎아지른 듯한 수직 절벽, 신비한 기암괴석, 깊은 골짜기가 발달해 있어 볼수록 아름답고 신기하게 느껴져요.

▲ 금강산의 위치

사계절 이름이 다른 금강산

철 따라 고운 옷을 갈아입는 금강산은 계절에 따라 부르는 이름이 각각 달라요. 봄에는 새싹과 꽃으로 뒤덮여 '금강산'이라 하고, 여름에는 봉우리와 계곡에 녹음이 깔리므로 '봉래산'이라 하고, 가을에는 단풍으로 곱게 물들기 때문에 '풍악산'이라 하고, 겨울에는 암석만 앙상한 뼈처럼 드러나서 '개골산'이라 한답니다.

◀ '풍악산'이라 불리는 가을의 금강산 모습

붓에서 피어난 금강산

조선 후기의 화가 겸재 정선(1675~1759)은 국보 제216호 〈인왕제색도〉와 국보 제217호 〈금강전도〉를 그렸어요. 〈금강전도〉는 왼편에 그린 부드러운 산과 오른편에 그린 강한 봉우리들을 대비시키며 금강산의 굳센 기세를 예리하게 표현하고 있어 그가 그린 금강산도 가운데 대표작으로 꼽혀요.

▲ 정선, 〈금강전도〉, 1734년, 리움 미술관

속담 더하기 + 금강산 그늘이 관동 팔십 리

금강산의 아름다움이 관동 팔십 리, 곧 강원도 지방에 널리 미친다는 뜻으로, 훌륭한 사람 밑에서 지내면 그의 덕이 미치고 도움을 받게 됨을 비유적으로 이르는 말.

13. 까마귀 날자 배 떨어진다

배나무 위에 앉아 있던 까마귀가 날아오르자 갑자기 달려 있던 배가 툭 떨어진다는 말이에요. 아무 관계없이 한 일이 공교롭게도 때가 같아 어떤 관계가 있는 것처럼 의심을 받게 됨을 뜻하는 속담이랍니다.

말풍선:
- 난 날기만 했을 뿐이야.
- 웃기지 마!

채팅:
- 지금 고고 게임 하자.
- 오케이.
- 방 만들어 놨으니까 들어와.
- 접속!
- 까마귀 날자 배 떨어진다더니, 네가 들어오니까 컴퓨터가 다운됐어.
- 그게 왜 나 때문이냐. -_-
- 네 기운이 안 좋은 거야.
- 억울해!
- 인정 못해!

한자 표현

○ 烏飛梨落(오비이락) 까마귀 날자 배 떨어진다
烏 까마귀 오 / 飛 날 비 / 梨 배나무 리·이 / 落 떨어질 락·낙

까악 까악 까마귀

까마귀는 우리나라 전역에서 볼 수 있는 텃새예요. 온몸이 짙은 보랏빛을 띠는 검은색 깃털로 덮여 있어요. 먹이는 쥐, 물고기, 곤충, 나무 열매, 짐승의 시체, 다른 새의 알을 주로 먹고 곡식이나 열매도 먹는 잡식성이에요. 어린 까마귀가 어미 까마귀에게 먹을 것을 물어다 주기도 하여 까마귀를 가리켜 '반포조'라고도 한답니다.

◀까마귀

우리나라의 까마귀

예로부터 우리나라에서는 까마귀를 불길한 일을 가져오는 나쁜 기운의 새인 '흉조'로 생각했어요. 그래서 까마귀와 관련된 속담 중에는 부정적인 의미를 가진 것이 많아요.

- **돌림병에 까마귀 울음**
  불길하여 귀에 아주 거슬리는 소리를 이르는 말이지요.
- **아침에 까치가 울면 좋은 일이 있고 밤에 까마귀가 울면 대변이 있다**
  아침에 까치가 울면 기쁜 일이 생기고 밤에 까마귀가 울면 좋지 못한 일이 생긴다는 말이에요.

▲까치

동형어 배, 배, 배

'배'는 강이나 바다에 떠다니는 배, 과일인 배, 신체의 배와 같이 모두 소리는 같지만 전혀 다른 세 가지의 의미가 있어요. 이처럼 의미는 다르지만 형태나 표기가 같은 말을 가리켜 '동형어'라고 해요. 신체의 눈과 하늘에서 내리는 눈, 깜깜한 밤과 열매인 밤 등도 모두 동형어예요.

속담 더하기

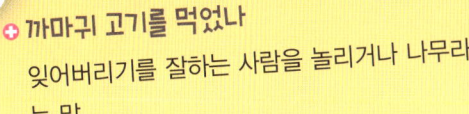

+ **까마귀 고기를 먹었나**
  잊어버리기를 잘하는 사람을 놀리거나 나무라는 말.

+ **까마귀가 검기로 마음도 검겠나**
  1. 겉모양이 허술하고 누추하여도 마음까지 악할 리는 없음을 비유적으로 이르는 말.
  2. 사람을 평가할 때 겉모양만 보고 할 것이 아니라는 뜻으로 이르는 말.
  =까마귀가 검어도 살은 희다
  =까마귀 겉 검다고 속조차 검은 줄 아느냐

+ **까마귀가 아저씨 하겠다**
  손발이나 몸에 때가 너무 많이 끼어서 시꺼멓고 더러운 것을 놀림조로 이르는 말.
  =까마귀와 사촌

14 꼬리가 길면 밟힌다

뱀 꼬리처럼 긴 꼬리는 쉽게 밟히거나 잡힐 수 있어요.
아무리 남모르게 한 나쁜 일이라도 여러 번 계속하면 결국에는 들키고 만다는 것을 뜻하는 속담이에요.

앗, 내 꼬리!

학원 안 오고 뭐 하냐?

학교 앞에서 떡볶이 먹고 있지롱.

학원은 언제 오냐?

이거 다 먹고. ㅋ 곧 갈 거야.

너 요즘 맨날 학원 지각하는 거 같은데.

학교 방과후가 늦게 끝났다고 하면 돼.

꼬리가 길면 밟히는 법이야.

허걱. 내 꼬리 어딨지? 휴, 아직 잘 있네 뭐. 크크.

앗, 선생님 지금 너희 엄마한테 전화하러 가신다.

정말? 안 돼! ㅠㅠ

같은 속담
= 고삐가 길면 밟힌다

흔들흔들 꼬리를 흔들어

꼬리는 동물의 꽁무니나 몸뚱이의 뒤 끝에 붙어서 조금 나와 있는 부분이에요. 뭉툭하고 짧기도 하고, 가늘고 길기도 하고, 꼬리 전체 또는 꼬리 끝에만 털이 달려 있기도 하는 등 동물에 따라 조금씩 모양이 달라요.

있다가 없어진 꼬리

알에서 태어난 올챙이는 꼬리지느러미가 있어요. 하지만 개구리로 성장한 뒤에는 꼬리가 사라지고 없지요. 올챙이였을 때 헤엄을 치기 위해 필요한 꼬리가 생겼다가 개구리가 되어 물 밖으로 나오면서 꼬리는 점점 짧아지다 사라져요.

꼬리가 변했어요!

꼬리를 가진 대부분의 동물은 등에서부터 이어진 뼈가 엉덩이 끝에 늘어져 자유롭게 움직여요. 이러한 꼬리는 포유류, 파충류, 양서류 등의 척추동물에서 볼 수 있지요. 하지만 인간과 오랑우탄, 고릴라와 같은 유인원은 긴 꼬리 대신 엉덩이 끝에 꼬리뼈의 모습으로 남아 있어요. 또 어류는 꼬리지느러미로, 조류는 꽁지깃으로 꼬리를 가지고 있답니다.

▶ 조류의 꽁지깃

▲ 어류의 꼬리지느러미

꼬리의 다양한 역할

꼬리가 있는 동물들은 꼬리로 많은 일을 해요. 먼저 원숭이나 고양이처럼 높은 곳에 올라가거나 높은 곳에서 아래로 뛰어내릴 때 긴 꼬리를 이용해 균형을 잡아요. 또 치타나 사자처럼 빨리 달리던 동물이 갑자기 방향을 바꿀 때도 꼬리를 사용하지요. 그리고 원숭이처럼 긴 꼬리를 사용해 멀리 있는 먹이를 집거나 나무에 매달릴 수도 있어요. 마지막으로 반갑다고 꼬리를 흔들거나 화가 났음을 알릴 때 꼬리를 곤두세워서 감정을 표현하기도 해요.

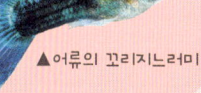

속담 더하기

● **닭의 볏이 될지언정 소의 꼬리는 되지 마라**
크고 훌륭한 자의 뒤를 쫓아다니는 것보다는 차라리 작고 보잘것없는 데서 우두머리가 되는 것이 낫다는 말.
= 닭의 대가리가 소꼬리보다 낫다
= 닭의 부리가 될지라도 소의 꼬리는 되지 마라
= 닭의 입이 될지라도 소의 꼬리는 되지 마라

● **비 오는 날 소꼬리 같다**
몹시 귀찮게 구는 것을 비유적으로 이르는 말.

15 꿩 먹고 알 먹기

꿩도 잡고, 꿩이 품은 알도 한꺼번에 얻는다는 말로,
한 가지 일을 하여 두 가지 이상의 이익을 보게 된다는 뜻을 가진 속담이에요.

- 10분 후에 사거리 슈퍼에서 만나자.
- 왜?
- BTT 오빠들 빵 사게.
- 빵 안에 든 캐릭터 카드 얻으려고?
- 빵도 먹고, 카드도 얻고. 꿩 먹고 알 먹는 거지.
- 근데 나는 왜 같이 사야 되는 거야?
- 나랑 다른 카드가 걸리면 나 달라고.
- 하는 거 봐서.
- 아잉.
- 어울리지 않는 애교라니! 안 주는 수가 있다.
- 미안하다.

 같은 속담

- 굿 보고 떡 먹기
- 굿도 볼 겸 떡도 먹을 겸
- 꿩 먹고 알 먹고 둥지 털어 불 땐다
- 알로 먹고 꿩으로 먹는다

한자 표현

- 一石二鳥(일석이조) 돌 한 개를 던져 새 두 마리를 잡는다
  一 한 일 / 石 돌 석 / 二 두 이 / 鳥 새 조

우리나라의 텃새 꿩

우리나라의 텃새인 꿩은 닭과 비슷한 크기인데, 길고 날씬한 몸에 비해 날개가 둥글고 짧아서 멀리 날지 못해요. 꿩은 수컷과 암컷을 일컫는 말이 달라요. 수컷은 '장끼', 암컷은 '까투리', 새끼는 '꺼병이'라고 하지요. 수컷은 목이 푸른색이고 그 위에 흰 줄이 있으며 암컷보다 크게 우는 것이 특징이에요. 암컷은 수컷보다 작고 갈색에 검은색 얼룩무늬가 있지요.

▲장끼　까투리▶
꺼병이▶

왜 흔한 닭과 달걀 대신 꿩과 그 알일까?

꿩보다 닭이 더 흔하고 쉽게 잡을 수 있는 새예요. 꿩은 주위의 소리에 예민해서 금방 튀어 날아가기 때문에 잡기 힘든데, 왜 하필이면 꿩과 그 알을 먹는다는 속담이 나왔을까요? 꿩은 모성애가 강한 새예요. 적이 나타나면 알을 보호하기 위해 다친 척을 하고, 알을 품고 있을 때는 사람이 나타나도 꼼짝도 하지 않아요. 그래서 알을 품고 있는 꿩을 만나면 꿩과 알을 모두 얻을 수 있으니 '꿩 먹고 알 먹기'라는 속담이 생겨난 거예요.

장끼전

《장끼전》 필사본▶

고전 소설 《장끼전》은 장끼, 까투리 부부가 먹을 것을 찾아 나갔다가 장끼가 덫에 걸려 죽자 까투리는 새로운 장끼와 재혼을 한다는 내용을 담고 있어요. 조선 후기에 쓰인 작품인데 당시 남성 중심 사회인 그릇된 가부장제를 꼬집고, 과부가 다시 결혼하기 어려운 상황들을 우화로 풀어냈지요.

누이 좋고 매부 좋고, 도랑 치고 가재 잡는다
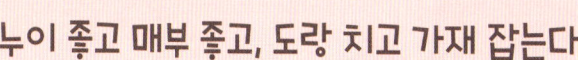

'꿩 먹고 알 먹기'와 비슷한 뜻을 가진 속담으로 '누이 좋고 매부 좋다(어떤 일에 있어 서로 다 이롭고 좋음을 비유적으로 이르는 말)'와 '도랑 치고 가재 잡는다(한 가지 일로 두 가지 이익을 봄을 비유적으로 이르는 말)' 등이 있어요.

속담 더하기

○ **꿩 구워 먹은 소식**
소식이 전혀 없음을 비유적으로 이르는 말.

○ **꿩 대신 닭**
꼭 적당한 것이 없을 때 그와 비슷한 것으로 대신하는 경우를 비유적으로 이르는 말.
＝봉 아니면 꿩이다

16. 낫 놓고 기역 자도 모른다

기역 자 모양으로 생긴 낫을 보면서도 기역 자를 모른다는 말이에요.
아주 무식한 사람이나 그러한 상황에 쓰는 속담이랍니다.

아까 복도에서 나 못 봤어? 그냥 지나가던데.

아, 그래?

손에는 붓이랑 네모난 거 들고.

나 이번 달부터 방과후로 서예하거든.

근데 그 시커멓고 네모난 건 뭐였어?

뭐? 네모난 거? ㅋㅋ
낫 놓고 기역 자도 모른다더니. 먹이랑 벼루잖아.

아! 깜빡했네.

깜빡은 무슨. 몰랐잖아.

알고 있었거든. 흥! 흥!

ㄱ(기역)자 모양의 낫

낫은 곡식, 나무, 풀 따위를 베는 데 쓰는 농기구로, ㄱ자 모양으로 생겼어요. 쇠로 날을 만들고, 나무로 된 자루를 날에 달아요. 낫은 아주 과학적인 기구예요. 안쪽으로 낸 날카로운 날은 다른 부분과 두께랑 강도 차이를 둬서 나무나 풀을 벨 때 잘 부러지지 않을 뿐만 아니라, 적은 힘으로도 쉽게 벨 수 있어요.

백성을 위한 글

1443년 세종 대왕은 우리글이 없어 한자를 제대로 쓰지도 읽지도 못하여 불편함을 겪는 백성들을 위해 누구나 쉽게 배우고 쓸 수 있는 우리나라 고유의 문자인 '훈민정음'을 만들었어요. 훈민정음은 '백성을 가르치는 바른 소리'라는 뜻으로, 28개의 자음과 모음으로 이루어졌어요. 훗날 한글이 정립되면서 지금은 24개의 자모만 쓰게 되었지요. 한글은 일찍이 그 우수성을 인정받아 유네스코 세계 기록 유산으로 등재되었어요.

▲《훈민정음 해례》

과학적인 글자, 한글

한글은 발음 기관의 모양과 우주의 형상을 본떠서 만든 체계적이고 과학적인 글자예요. 자음은 발음 기관을 본떠 만든 ㄱ(혀뿌리가 목구멍을 막는 모양), ㄴ(혀가 윗잇몸에 붙는 모양), ㅁ(입술 모양), ㅅ(이 모양), ㅇ(목구멍의 모양)과 소리의 세기에 따라 획을 더한 ㅋ, ㄷ, ㅌ, ㅂ, ㅍ, ㅈ, ㅊ, ㆆ, ㅎ과 소리의 성질을 반영한 ㆁ, ㄹ, ㅿ이 있어요. 모음은 상형 원리로 만든 •(하늘의 둥근 모양), ㅡ(땅의 평평한 모양), ㅣ(사람이 서 있는 모양)과 합성의 원리로 만든 ㅗ, ㅏ, ㅜ, ㅓ, ㅛ, ㅑ, ㅠ, ㅕ이지요.

글자를 만든 이유와 원리, 사용법까지!

훈민정음은 우리의 글자를 만든 이유와 글자 사용법을 적은 《훈민정음 예의》와 자음과 모음을 만든 원리와 사용법을 자세하게 설명한 《훈민정음 해례》가 있어요. 《훈민정음 예의》는 세종 대왕이 직접 지었고, 《훈민정음 해례》는 정인지, 신숙주, 성삼문 등의 집현전 학사들이 집필하였어요.

속담 더하기

● **기역 자 왼 다리도 못 그린다**
아주 무식하다는 말.

● **속으로 기역 자를 긋는다**
어떤 일에 대하여 마음속으로 결정짓고 마음먹음을 비유적으로 이르는 말.

낮말은 새가 듣고 밤말은 쥐가 듣는다

아무도 모르게 전한 말이라도 낮에는 새가 듣고, 밤에는 쥐가 듣고 있다는 말이에요. 아무도 안 듣는 곳이라고 해도 말조심을 해야 하고, 아무리 비밀히 한 말이라고 해도 반드시 남의 귀에 들어가게 된다는 뜻의 속담이랍니다.

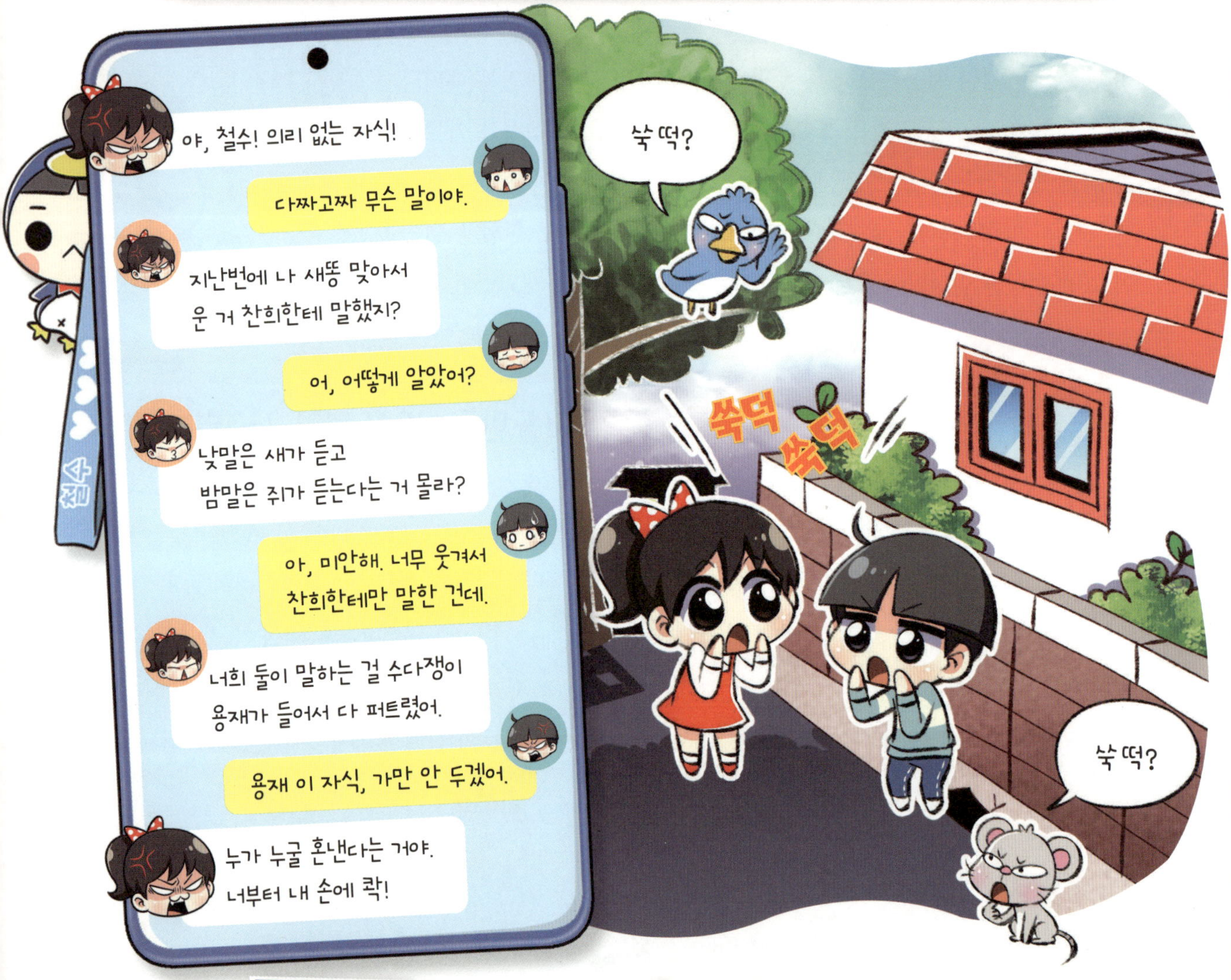

- 야, 철수! 의리 없는 자식!
- 다짜고짜 무슨 말이야.
- 지난번에 나 새똥 맞아서 운 거 찬희한테 말했지?
- 어, 어떻게 알았어?
- 낮말은 새가 듣고 밤말은 쥐가 듣는다는 거 몰라?
- 아, 미안해. 너무 웃겨서 찬희한테만 말한 건데.
- 너희 둘이 말하는 걸 수다쟁이 용재가 들어서 다 퍼트렸어.
- 용재 이 자식, 가만 안 두겠어.
- 누가 누굴 혼낸다는 거야. 너부터 내 손에 콱!

북한에서는 이렇게 써요
① 낮말은 지게문이 듣는다

영어 표현

- Pitchers have ears.
물주전자에도 귀가 있다.

▲ 주로 밤에 활동하는 야행성 동물인 들쥐와 박쥐

동물들의 활동 시간

동물들은 매일 먹이를 찾고, 집을 짓고, 각자의 생애에 맞게 성장을 하느라 분주한 하루를 보내요. 하지만 모든 동물이 모두 같은 시간에 일어나고, 먹이를 찾고, 자는 건 아니에요. 저마다 활동하는 시간이 다 다르지요. 새, 나비, 도마뱀 등은 낮에 주로 활동을 하고, 들쥐, 오소리, 박쥐, 뱀 등은 밤에 주로 활동을 해요. 이처럼 낮에 일어나 움직이는 동물을 '주행성 동물'이라고 하고, 밤에 먹이를 구하러 다니며 활동하는 동물을 '야행성 동물'이라고 해요.

낮에는 새가, 밤에는 쥐가 듣는 이유

소리는 물체의 진동에 의하여 생긴 음파가 귀청을 울려 귀에 들리는 것이에요. 그런데 이 소리는 공기의 온도에 따라서 속도가 달라요. 기온이 높을수록 빨라지고, 기온이 낮을수록 느려지지요. 또 소리는 따뜻한 곳에서 차가운 쪽으로 구부러져요. 그래서 낮에는 햇빛을 받아 뜨거워진 땅에서 차가운 하늘의 공기 쪽으로 소리가 구부러지고, 밤에는 비교적 따뜻한 하늘에서 차가운 땅 쪽으로 소리가 구부러지지요. 낮에 한 말은 새가 잘 듣고, 밤에 한 말은 쥐가 잘 듣는 이유는 바로 이 때문이에요. '낮말은 새가 듣고 밤말은 쥐가 듣는다'는 소리의 과학이 숨어 있는 속담이랍니다.

소리가 귀로 전달되는 과정

우리는 귀로 소리를 들어요. 소리가 귀에 전달되어 우리가 소리를 들었다고 느끼는 과정은 다음과 같아요.

속담 더하기

◆ **말 한마디에 천 냥 빚도 갚는다**
말만 잘하면 어려운 일이나 불가능해 보이는 일도 해결할 수 있다는 말.

◆ **발 없는 말이 천 리 간다**
말은 비록 발이 없지만 천 리 밖까지도 순식간에 퍼진다는 뜻으로, 말을 삼가야 한다는 걸 비유한 속담.

18. 내 코가 석 자

'코'는 콧물을 의미하고, 석 자는 약 90센티미터이니 '내 콧물이 어마어마하게 많이 흘러내리는 상황'이라는 말이에요. 내 사정이 급하고 어려워서 남을 돌볼 여유가 없음을 뜻하는 속담이랍니다.

같은 속담
- 제 코가 석 자

한자 표현
- 吾鼻涕垂三尺(오비체수삼척) 내 코가 석 자
  吾 나 오 / 鼻 코 비 / 涕 눈물 체 / 垂 드리울 수 / 三 석 삼 / 尺 자 척

콧물과 코딱지

콧속은 항상 콧물(점액)로 덮여 있어요. 아주 적은 양이어서 우리는 느끼지 못하지만 이 콧물로 콧속의 습도를 조절하고, 먼지나 세균이 몸속으로 침입하지 못하게 막아 주지요. 콧속에 남은 먼지(세균)와 콧물이 섞여 말라붙으면 바로 딱딱한 코딱지가 되는 거예요.

길이의 단위, 자

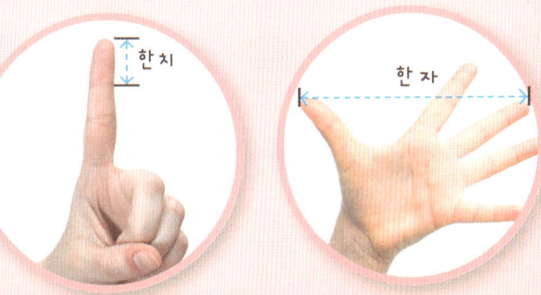

옛날 우리나라에서는 지금처럼 길이를 재는 단위로 미터(m)나 센티미터(cm)를 쓰지 않고, 어른 손가락 한 마디의 길이를 '한 치', 손을 쫙 폈을 때 엄지손가락과 가운뎃손가락의 길이를 '한 자'라는 단위로 썼어요. 한 치는 대략 3.03센티미터이고, '한 자'는 한 치의 열 배로 약 30.3센티미터예요. 석 자라면 약 90센티미터인 셈이지요. 콧물이 그만큼이나 흐른다니 정말 큰일이네요.

냄새 맡는 코, 너를 해부한다

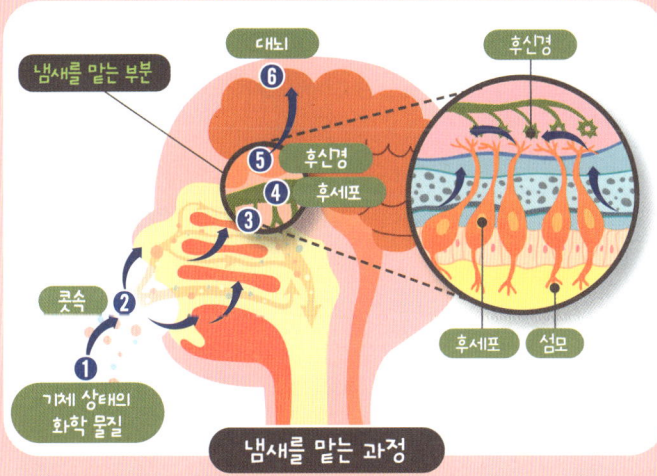

냄새를 맡는 과정

코는 얼굴 중간에 자리하면서 우리가 숨을 쉬는 데 아주 중요한 역할을 해요. 또 냄새를 맡기도 하지요. 콧속의 후세포가 냄새를 맡으면 후신경에 전달되고, 후신경에서 다시 대뇌로 전달해 어떤 냄새인지를 알아내요. 콧속의 코털은 공기 속의 먼지와 세균을 걸러 주어요.

속담 더하기

⊕ 귀에 걸면 귀걸이 코에 걸면 코걸이
1. 어떤 원칙이 정해져 있는 것이 아니라 둘러대기에 따라 이렇게도 되고 저렇게도 될 수 있음을 비유적으로 이르는 말.
2. 어떤 사물은 보는 관점에 따라 이렇게도 될 수 있고 저렇게도 될 수 있음을 비유적으로 이르는 말.

⊕ 다 된 죽에 코 빠졌다
1. 거의 다 된 일을 망치는 주책없는 행동을 비유적으로 이르는 말.
 =다 된 죽에 코 풀기
2. 남의 다 된 일을 악랄한 방법으로 방해하는 것을 비유적으로 이르는 말.
 =잘되는 밥 가마에 재를 넣는다

⊕ 안되는 사람은 자빠져도 코가 깨진다
운수가 나쁜 사람은 보통 사람에게는 생기지도 않는 나쁜 일까지 생김을 비유하는 속담.

⊕ 엎어지면 코 닿을 데
매우 가까운 거리를 뜻하는 말.
=넘어지면 코 닿을 데
=엎드리면 코 닿을 데

19 누워서 침 뱉기

누워서 다른 사람에게 침을 뱉어 봤자 그대로 자기 얼굴에 떨어져요.
이처럼 남을 해치려고 하다가 도리어 자기가 해를 입게 될 때 이 속담을 써요.

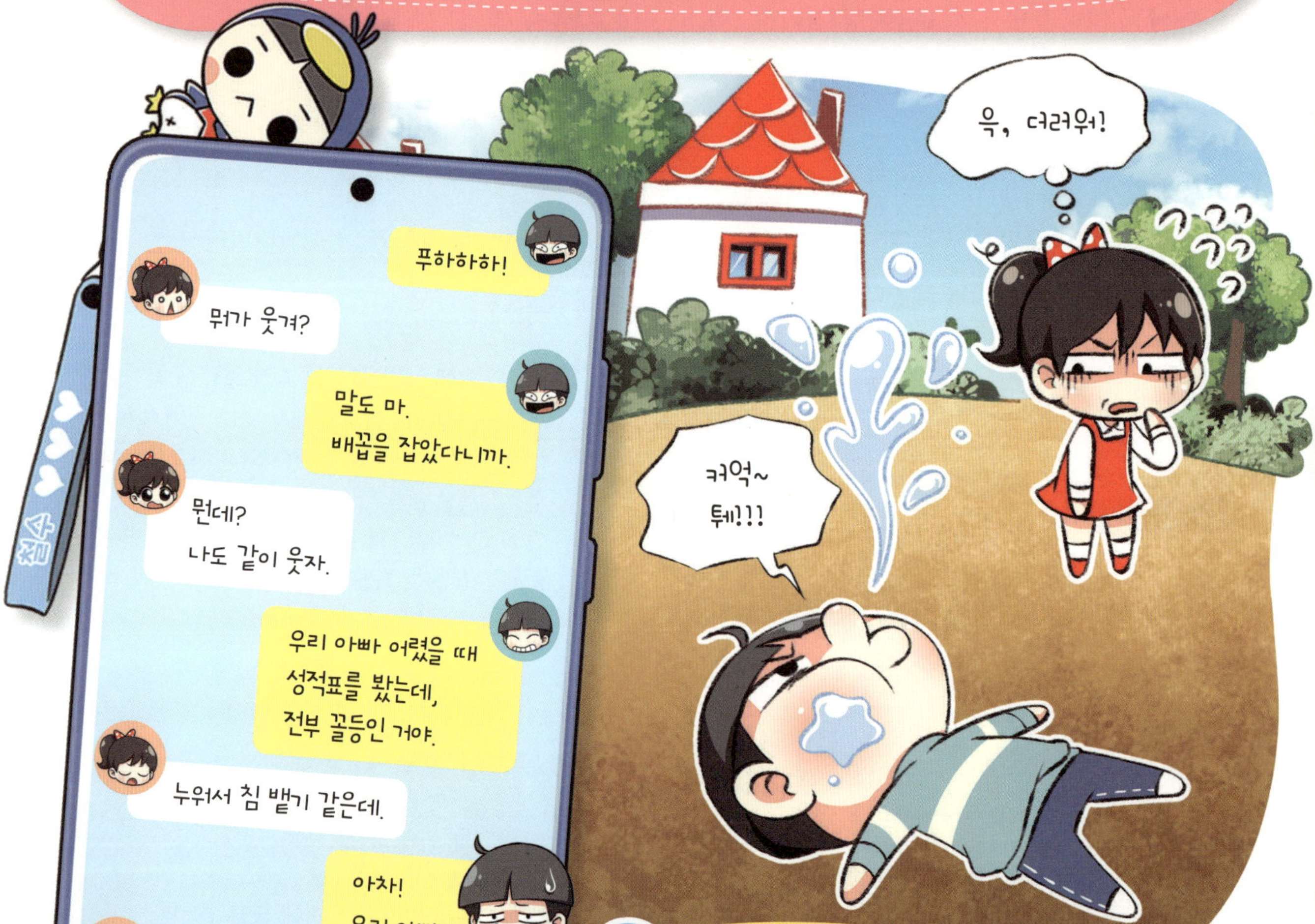

- 푸하하하!
- 뭐가 웃겨?
- 말도 마. 배꼽을 잡았다니까.
- 먼데? 나도 같이 웃자.
- 우리 아빠 어렸을 때 성적표를 봤는데, 전부 꼴등인 거야.
- 누워서 침 뱉기 같은데.
- 아차! 우리 아빠지.
- 네가 아빠 닮았구나? 큭.
- 아! 니! 거! 든!

같은 속담
- 내 얼굴에 침 뱉기
- 자기 얼굴에 침 뱉기
- 제 갗에 침 뱉기

영어 표현
- Cut off your nose to spite your face.
  코를 자르면 너의 얼굴이 다친다.

침, 그것이 알고 싶다

침은 입속의 침샘에서 분비되는 액체예요. 색·맛·냄새가 없고, 약간의 끈기가 있어요. 침을 만드는 큰 침샘은 귀 아래, 턱뼈 아래, 혀 앞쪽의 아래에 있어요. 작은 침샘은 입술, 볼 안쪽, 입천장, 혀 등에 있지요. 침은 음식물이 소화되기 쉽게 걸쭉한 상태로 만들고, 침에 들어 있는 소화 효소는 음식물을 분해해요.

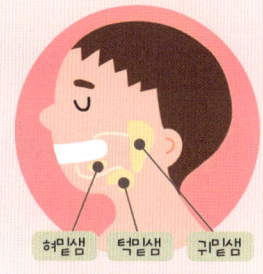
침샘의 위치

꿀꺽꿀꺽 침

침은 하루에 1~1.5리터나 나와요. 1분에 0.5밀리리터씩 나오는데, 새콤한 레몬처럼 자극적인 음식을 먹거나 무서운 영화를 볼 때처럼 뇌에 자극이 되면 분당 4밀리리터까지 나오지요. 침에는 아밀라아제와 같은 소화 효소뿐만 아니라 면역 물질과 항균 물질도 들어 있답니다.

소화가 되는 과정

- **기계적 소화**: 이가 움직여 음식물을 잘 부숴요. 혀로 침과 음식물을 섞어요. 음식물이 식도를 통해 위로 내려가요.
- **화학적 소화**: 침 속에 있는 소화 효소인 아밀라아제가 녹말(탄수화물)을 엿당으로 분해해요.

침과 함께하는 소화 과정

파블로프의 개

러시아의 생리학자인 파블로프(1849~1936)는 개가 먹이 주는 사람의 발소리를 듣거나 빈 밥그릇만 봐도 침을 분비한다는 것을 발견했어요. 여러 가지 실험을 통해 개에게 먹이를 주기 전에 종소리를 반복해서 들려주자, 이후에는 종소리만 듣고도 개가 침을 흘린다는 것을 알아냈지요. 이것이 바로 '파블로프의 개 실험'이에요.

속담 더하기

+ **누워서 떡 먹기**
하기가 매우 쉬운 것을 비유적으로 이르는 말.
= 누운 소 타기

+ **입술에 침이나 바르지**
속이 빤히 들여다보이게 거짓말을 하는 사람에게 그런 얕은 수작은 그만두라고 핀잔하는 말.
= 혓바닥에 침이나 묻혀라

달면 삼키고 쓰면 뱉는다

음식의 맛이 달면 먹고, 쓰면 뱉는다는 말로, 자기에게 이익이 될 것만 취한다는 뜻이에요. 옳고 그름을 따지지 않고, 믿음과 신뢰를 지키지도 않고 자기의 이익만을 꾀할 때 쓰는 속담이랍니다.

날도 더운데 시원한 아이스크림 사 먹으러 가자.

안 가.

아이스크림이라면 자다가도 벌떡 일어나는 애가 웬일이래?

이제 너랑 같이 단 거 안 먹을 거야. 다이어트해야 해.

그런 게 어딨어. 너랑 같이 먹었다고 해야 엄마한테 안 혼난단 말이야. 달면 삼키고 쓰면 뱉는 거야?

아이스크림은 달거든.

아, 그런가? 그럼 쓴 아이스크림 먹으러 가자.

놀리지 마라. 나 지금 배고파서 날카롭다.

같은 속담
- 맛이 좋으면 넘기고 쓰면 뱉는다
- 쓰면 뱉고 달면 삼킨다
- 추우면 다가들고 더우면 물러선다

한자 표현

○ **甘吞苦吐(감탄고토)** 달면 삼키고 쓰면 뱉는다
　甘 달 감 / 吞 삼킬 탄 / 苦 쓸 고 / 吐 토할 토

맛을 느끼는 혀

입안에 있는 혀는 음식의 맛을 느끼거나, 음식을 골고루 섞는 역할을 해요. 혀는 단맛, 짠맛, 쓴맛, 신맛을 느끼는데, 맛을 느끼는 부분이 각기 달라요. 단맛은 주로 혀끝에서 잘 느끼고, 짠맛은 혀 전체에서, 쓴맛은 혀 안쪽에서, 신맛은 혀 양쪽에서 잘 느껴져요.

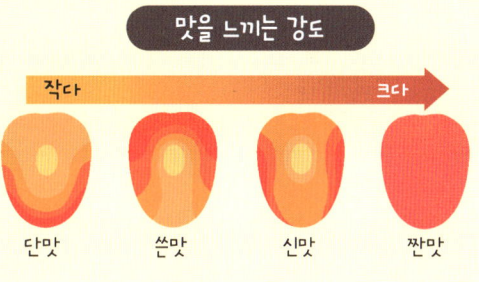

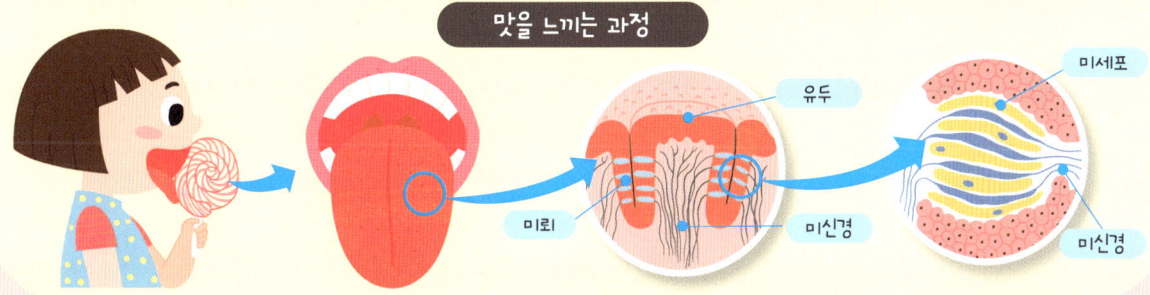

단맛이 나는 재료

요리에 쓰이는 설탕은 사탕수수로 만들어져요. 사탕수수 줄기에 당분이 많이 들어 있는데, 즙을 짠 후 가공해 설탕을 만들지요. 설탕 말고 단맛을 내는 재료로는 꿀, 감, 단호박, 양파, 양배추 등이 있어요.

다섯 가지 맛의 열매

단맛·신맛·쓴맛·짠맛·매운맛의 다섯 가지 맛이 나는 열매가 있어요. 바로 오미자나무의 열매이지요. 오미자 열매는 짙은 붉은빛을 띠며, 지름이 약 1센티미터로 크기가 아주 작아요. 다섯 가지 맛이 나서 '오미자'라고 하고, 그중에서도 신맛이 가장 많이 나요.

속담 더하기

● 쓰다 달다 말이 없다

맛이 쓴지, 단지를 표현해 주지 않는 사람을 가리킬 때 쓰는 속담. 어떤 문제에 대하여 아무런 반응이나 의사 표시가 없음을 비유적으로 이르는 말.

21. 닭 쫓던 개 지붕 쳐다보듯

개에게 쫓기던 닭이 지붕으로 올라가자 개가 쫓아 올라가지 못하고 지붕만 쳐다본다는 뜻이에요. 애써 하던 일이 실패로 돌아가거나 남보다 뒤떨어져 어찌할 도리가 없을 때 쓰는 속담이랍니다.

같은 속담
- 닭 쫓던 개 울타리 넘겨다보듯
- 닭 쫓던 개의 상

대화:
- 준호가 요즘 안 보이던데.
- 준호한테 너무 관심 없는 거 아니야?
- 무슨 일 있어?
- 시험에서 1등 하려고 두 달 전부터 학원 열 개나 다닌대.
- 그럼 뭐 해. 이번 시험도 윤희가 1등 했잖아.
- 닭 쫓던 개 지붕 쳐다보게 된 거지 뭐.
- 준호 불쌍하다. 1등이 뭐라고.
- 넌 1등 안 하고 싶어? 난 1등 해 봐서 그 기분 알지.
- 네가 무슨 1등이야.
- 끝에서 1등. 크크.

날지 못하는 새 총집합

대부분의 새는 훨훨 하늘을 잘 날아요. 하지만 닭처럼 날지 못하는 새도 있어요.

닭 인간이 닭을 가축으로 키우기 시작한 약 8000년 전부터 닭은 날지 못했어요. 왜냐하면 먹이를 구하러 멀리까지 날아갈 필요가 없어 오랫동안 날개를 쓰지 않자 퇴화되어 버렸거든요.

타조 새의 가슴뼈는 날갯짓에 필요한 근육이 붙어 있기 좋은 둥근 모양이에요. 하지만 타조의 가슴뼈는 평평하게 생겨 근육이 붙지 못하기 때문에 날지 못해요. 그러나 타조의 긴 다리는 시속 65킬로미터의 속력으로 달릴 수 있어요.

펭귄 펭귄은 다른 새들처럼 날개가 있어요. 하지만 에너지 소모가 많은 비행으로 먹잇감을 얻는 것보다 바다를 헤엄쳐서 물고기를 잡아먹는 방법을 선택했어요. 그래서 펭귄의 날개는 지느러미의 기능으로 진화되었답니다.

날아라, 우리나라 토종닭

새가 하늘을 날기 위해서는 여러 조건이 필요해요. 먼저 날개가 있어야 하고, 날개를 움직이기 위해 가슴에 근육이 있어야 해요. 또 몸을 가볍게 하기 위해 뼈 속이 비어 있어야 하고, 비행할 때 부족한 산소를 공급하는 공기주머니도 있어야 하지요. 하지만 닭은 이러한 조건을 가지고 있으면서도 가축으로 오랫동안 키워져 날지 못하게 되었어요. 그런데 우리나라의 토종닭 중 하나인 제주 구엄닭은 날 수 있어요. 날지 못하는 일반적인 닭보다 체구도 작고, 날개가 크거든요. 일제 강점기 시절 생산성이 뛰어난 개량 닭이 우리나라에 들어오면서 몸집이 작은 토종닭이 밀려나 사라졌지만, 멀리 떨어진 제주에는 아직 남아 있어요.

◀초가집

닭이 올라간 지붕은?

닭은 새처럼 유연한 비행을 하지 못하지만 날개를 퍼덕였을 때 높게 뛰어오르는 것은 가능해요. 옛날 우리 조상들은 짚이나 갈대 따위로 지붕을 인 '초가집'과 기와로 지붕을 만든 '기와집'을 주로 지었는데, 지금의 집보다는 지붕의 높이가 낮아서 닭이 충분히 지붕 위로 올라갈 수 있었어요.

속담 더하기

➕ **소 닭 보듯**
서로 무심하게 보는 모양을 비유적으로 이르는 말.
=개 닭 보듯

22 등잔 밑이 어둡다

어둠 속에서 빛을 밝히는 등잔이라도 등잔 바로 밑은 등잔 받침대 때문에 어둡기 마련이에요. 이처럼 대상에서 가까이 있는 사람이 도리어 대상에 대하여 잘 알기 어렵다는 뜻의 속담이랍니다.

어두워서 안 보여.

아까 급식 먹다가 고춧가루가 튀었는데, 윗옷을 아무리 봐도 없어.

큭. 난 어디에 튀었는지 알지.

진짜? 난 아무리 찾아도 없던데. 어디?

등잔 밑이 어둡다더니. 네 턱에 붙어 있더라. 큭큭.

엥? 진짜네. 봤으면 진작 좀 얘기해 주지.

얘기해 주려고 갔더니, 네가 메롱 하고 가 버렸잖아.

내 무덤을 판 꼴이네. OTL

한자 표현

○ 燈下不明(등하불명) 등잔 밑이 어둡다
燈 등 **등** / 下 아래 **하** / 不 아닐 **불·부** / 明 밝을 **명**

북한에서는 **이렇게 써요**

○ 등잔 밑이 어둡고 이웃집이 멀다

어둠을 밝히는 등잔

전기가 없던 시절, 등잔은 방 안의 어둠을 밝히는 유일한 도구였어요. 등잔은 한지나 솜으로 만든 심지에 기름을 묻혀 불을 켤 수 있도록 만든 그릇이에요. 나무, 흙, 철, 대리석, 사기, 놋쇠 등으로 등잔을 만들었고, 참기름과 콩기름 등의 식물성 기름과 물고기에서 짜낸 동물성 기름을 주로 썼어요.

▲등잔과 등잔대

빛과 그림자

빛은 공기 중에서 직진하는 성질을 가지고 있어요. 햇빛, 손전등, 레이저 등에서 나온 빛은 공기 중에서 곧게 뻗어 나가지요. 이러한 빛은 유리나 물 등의 투명한 물체는 통과하지만 책이나 손바닥처럼 불투명한 물체는 통과하지 못해요. 등잔 역시 등잔 위에서 발산된 빛이 사방으로 퍼져 나가지만 등잔에 가려진 등잔 밑은 빛이 통과하지 못해 어둡고 그림자가 생기는 거랍니다.

그림자의 비밀

❶ 빛이 물체 옆에 있으면 그림자가 길어지고, 빛이 물체 위에 있으면 그림자가 짧아져요.
❷ 빛이 물체 가까이에 있으면 그림자가 커지고, 빛이 물체와 멀리 있으면 그림자가 작아져요.
❸ 빛이 여러 방향에서 비추면 여러 개의 그림자가 생겨요.

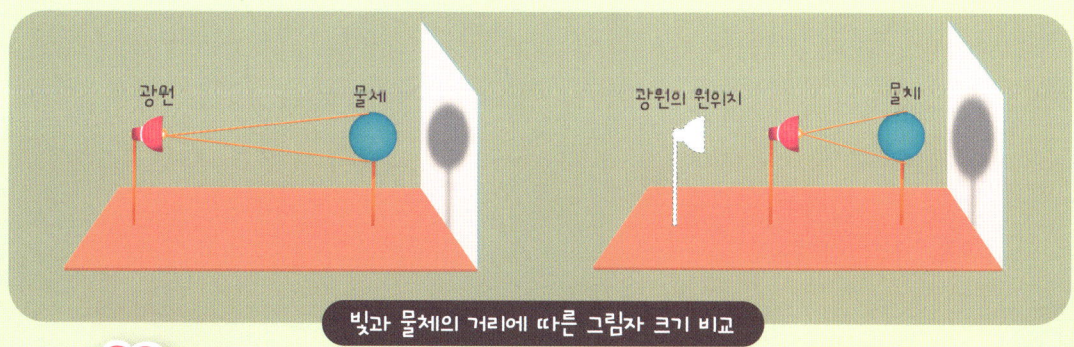
빛과 물체의 거리에 따른 그림자 크기 비교

속담 더하기

➕ **등잔 뒤가 밝다**
가까이에서보다는 조금 떨어져 보는 편이 상황을 더 잘 파악할 수 있다는 말.

➕ **등잔불에 콩 볶아 먹을 놈**
어리석고 옹졸하여 하는 짓마다 답답한 일만 하는 사람을 낮잡아 이르는 말.

23 땅 짚고 헤엄치기

물속에서 물살을 헤치고 헤엄을 치는 일은 무척 어렵고 힘들어요.
하지만 땅을 짚고 헤엄을 치면 물에 빠질 일도 없이 헤엄 치기가 아주 쉽겠지요.
이처럼 일이 매우 쉬울 때 쓰는 속담이랍니다.

- 철수야, 나 좀 구해 줘.
- 무슨 일인데, 그래?
- 거실에 벌레가 있어서 못 나가고 있어. 가족들은 1시간 후에나 오거든.
- 알았어. 금방 가서 벌레 잡아 줄게.
- 좀 큰데, 네가 잡을 수 있겠어?
- 그 정도쯤이야. 땅 짚고 헤엄치기지!
- 와! 철수 멋있다.
- 이 정도 가지고. 또 말만 해.

우아! 수영 잘하네?

헤헤, 이쯤이야.

같은 속담
= 주먹으로 물 찧기

속담의 또 다른 뜻

'땅 짚고 헤엄치기'는 '일을 매우 쉽게 한다'는 뜻뿐만 아니라 '일이 의심할 여지없이 확실하다'는 뜻도 있어요. 반의 회장 선거에 출마한 친구에게 "이번 회장 선거에서 네가 당선되는 일은 땅 짚고 헤엄치기야."라고 말할 수 있어요.

어푸어푸 수영

물속에서 손과 발을 써서 헤엄치는 것을 '수영'이라고 해요. 헤엄을 치는 방법에 따라 크게 자유형, 배영, 평영, 접영으로 나누어요.

자유영
몸을 편 자세로 두 팔을 교대로 움직여 물을 젓고, 두 다리는 위아래로 움직이며 물을 뒤편으로 밀어내요. 헤엄치는 네 가지 방법 가운데 가장 빨라요.

배영
위를 향하여 반듯이 누워 양팔을 번갈아 회전하여 물을 밀치면서 두 발로 물장구를 치는 수영법이에요.

평영
개구리처럼 물과 수평을 이루며, 두 발과 양팔을 오므렸다가 펴는 수영법이지요.

접영
두 손을 동시에 앞으로 뻗쳐 물을 아래로 끌어내리고 양다리를 모아 위아래로 움직이며 발등으로 물을 치면서 나아가는 수영법이에요.

땅 짚고 헤엄치는 뚱뚱한 하마

하마는 코끼리와 코뿔소 다음으로 체격이 큰 동물이에요. 낮에는 호수나 하천, 늪지대에서 주로 생활하고, 밤에는 땅 위로 올라와서 풀을 먹고 살아요. 하마는 먹이를 먹을 때 빼고는 거의 물속에서 보내는데, 물속에서 새끼를 낳고 젖도 물속에서 먹이지요. 왜냐하면 피부가 자외선에 굉장히 약해서 오랫동안 자외선에 노출되면 큰 상처가 생기기 때문이에요. 그래서 해가 있는 낮 동안 하마는 몸 전체가 잠길 만한 물속에서 땅을 짚고 헤엄을 치며 살아요.

▲ 물속에서의 하마 모습

속담 더하기

➕ **누워서 떡 먹기**
하기가 매우 쉬운 것을 비유적으로 이르는 말.
= 누운 소 타기

➕ **땅에서 솟았나 하늘에서 떨어졌나**
1. 전혀 기대하지 않던 것이 갑자기 나타남을 이르는 말.
2. 자기가 생겨난 근원인 부모나 조상을 몰라보는 자를 깨우쳐 주는 말.

➕ **땅을 열 길 파도 고리전 한 푼 생기지 않는다**
돈이 생기는 것은 공짜로 되는 것이 아니므로 한 푼의 돈이라도 아껴 쓰라는 말.
= 땅을 열 길 파면 돈 한 푼이 생기나

24 똥 묻은 개가 겨 묻은 개 나무란다

냄새나고 더러운 똥을 묻힌 개가 곡식의 껍질인 겨 묻은 개를 흉보고 나무란다는 말이에요. 자기는 더 큰 흉이 있으면서 도리어 남의 작은 흉을 본다는 뜻의 속담이지요.

[카톡 대화]

- 윤수 진짜 미국에서 살다 온 거 맞아? 오늘 영어 시간에 윤수 철자 틀렸잖아.
- 그럴 수도 있지.
- 일곱 살 때까지 미국에서 살다 온 애가 어떻게 그렇게 쉬운 단어를 틀리냐는 말이지.
- 어이쿠, 똥 묻은 개가 겨 묻은 개 나무란다더니.
- 뭐?
- 윤수는 영어 말하기이라도 잘하지, 넌 읽기 쓰기 말하기 다 안 되잖아.
- What? Oh My Got!
- Got이 아니라 God거든.
- Oops.
- 그만해라.

[말풍선] 저거저거, 겨 묻은 거 봐라. 더러워 죽겠네!

같은 속담
- 그슬린 돼지가 달아맨 돼지 타령한다
- 뒷간 기둥이 물방앗간 기둥을 더럽다 한다
- 똥 묻은 접시가 재 묻은 접시를 흉본다
- 허청 기둥이 측간 기둥 흉본다

거꾸로 속담

'똥 묻은 개가 겨 묻은 개를 나무란다'를 거꾸로 해 보세요. '겨 묻은 개가 똥 묻은 개를 나무란다'가 되지요. 이 속담은 결점이 있기는 마찬가지이면서, 조금 덜한 사람이 더한 사람을 흉볼 때에 변변하지 못하다고 지적하는 말이에요. 말의 순서만 바꾸었을 뿐인데, 다른 뜻의 속담이 되었어요.

똥은 어떻게 만들어질까?

우리가 음식을 먹을 때 가장 먼저 하는 일은 입에서 음식물을 부수는 거예요. 이렇게 부숴진 음식물이 식도를 거쳐 위로 내려오면 위는 위액과 음식물을 섞어요. 그러고는 십이지장, 작은창자를 거치면서 영양소가 분해되고 몸속으로 흡수되지요. 그다음 큰창자를 지나면서 수분이 흡수되는데, 이때 남은 찌꺼기가 바로 똥이랍니다.

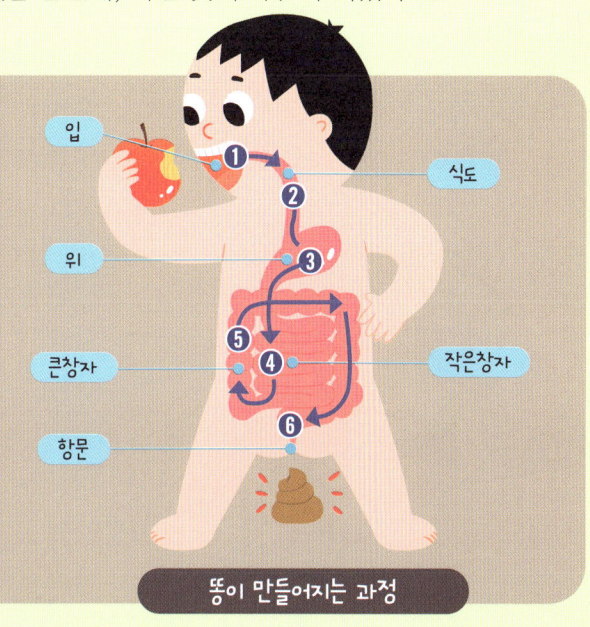

▲ 똥이 만들어지는 과정

겨를 벗겨

▲ 쌀 알곡에서 벗겨낸 왕겨

벼, 보리, 조 등의 곡식을 찧어 벗겨 낸 껍질을 '겨'라고 해요. 우리가 먹는 곡식은 대부분 거칠고 질긴 겨가 벗겨진 속 알맹이지요. 사람이 먹기는 어렵지만 겨에는 지방과 단백질이 많아서 가축의 사료나 비료로 많이 쓰인답니다.

속담 더하기

● **똥 누러 갈 적 마음 다르고 올 적 마음 다르다**
자기 일이 아주 급한 때는 통사정하며 매달리다가 그 일을 무사히 다 마치고 나면 모른 체하고 지낸다는 말.
= 뒷간에 길 적 마음 다르고 올 적 마음 다르다

● **똥이 무서워 피하나 더러워 피하지**
악하거나 같잖은 사람을 상대하지 않고 피하는 것은 그가 무서워서가 아니라 상대할 가치가 없어서 피하는 것임을 이르는 말.
= 개똥이 무서워 피하나 더러워 피하지

● **똥 먹던 강아지는 안 들키고 겨 먹던 강아지는 들킨다**
크게 나쁜 일을 한 사람은 들키지 않고, 그보다 덜한 죄를 지은 사람은 들켜서 남의 허물까지 뒤집어쓰게 됨을 비유적으로 이르는 말.
= 등겨 먹던 개는 들키고 쌀 먹던 개는 안 들킨다
= 똥 싼 놈은 달아나고 방귀 뀐 놈만 잡혔다

25 뛰는 놈 위에 나는 놈 있다

아무리 빠르게 달릴지라도 날아가는 것보다는 속도가 느리지요.
이 속담은 아무리 재주가 뛰어나다 하더라도 그보다 더 뛰어난 사람이 있다는 뜻으로, 스스로 뽐내는 사람을 경계하는 의미로 쓰인답니다.

 같은 속담

- 기는 놈 위에 나는 놈이 있다
- 나는 놈 위에 타는 놈 있다
- 뛰는 놈이 있으면 나는 놈이 있다
- 치 위에 치가 있다

사람과 동물의 100미터 달리기 속도 비교

뛰는 속도

사람이 뛰는 속도는 단거리일 때 평균적으로 시속 약 25킬로미터, 장거리일 때 시속 약 15킬로미터예요. 사람 가운데 달리기가 가장 빠른 사람의 최대 시속은 약 35킬로미터인데, 다른 동물과 100미터 달리기 경주를 하는 것으로 뛰는 속도를 비교해 보면 위 그림과 같아요.

나는 속도

나비나 파리의 비행 속도는 시속 약 3~7킬로미터이고, 벌의 비행 속도는 시속 약 15킬로미터 정도이지요. 곤충 중에서 탁월한 비행 능력을 가진 잠자리의 비행 속도는 최대 시속 100킬로미터나 돼요. 또 세상에서 가장 빠른 새는 칼새로 시속 약 400킬로미터예요. 비행기의 평균 속도가 시속 약 700킬로미터이니 칼새의 나는 속도가 얼마나 빠른지 짐작할 수 있겠지요?

나, 가장 빠른 새!
◀ 칼새

속도와 속력

속도와 속력, 비슷하게 들리지만 전혀 다른 의미예요. '속력'은 물체가 일정한 시간 동안 이동한 거리이고, '속도'는 속력에 방향을 함께 나타낸 것이지요. 예를 들어 세 사람이 거리가 다른 세 갈래 길을 지나 같은 지점에 도달했다고 했을 때, 세 사람이 동시에 출발해서 도착 지점까지 걸린 시간이 모두 같다면 이동 속도는 같아요. 하지만 이동한 거리는 세 사람이 전부 다르기 때문에 속력은 같지 않고 가장 먼 거리를 이동한 사람의 속력이 가장 빠른 것이지요.

속도와 속력의 단위

1초 동안에 간 거리를 '초속', 1분 동안에 간 거리를 '분속', 1시간 동안에 간 거리를 '시속'이라고 해요. 기호로 나타낼 때는 미터 퍼 세컨드(m/s), 킬로미터 퍼 아워(km/h) 등으로 나타내지요. 또 배의 속도를 나타낼 때는 '노트(kn)'를 쓰고, 비행기와 로켓처럼 고속으로 날아갈 때는 '마하(M)'를 써요.

노트(kn)   마하(M)   마하(M)

26 마른하늘에 날벼락

비나 눈이 오지 않는 맑은 하늘에 느닷없이 벼락이 친다는 말이에요. 뜻하지 않은 상황에서 갑작스럽게 재난을 입는다는 뜻의 속담이랍니다.

- 영희야, 긴급 상황이야!
- 무슨 일인데 그래?
- 나 바지가 터졌어. 가릴 것 좀 갖고 놀이터로 와.
- 어쩌다가 바지가 터진 거야?
- 미끄럼틀 타면서 방귀를 뀌었는데, 빡! 하고 터졌어. ㅠㅠ
- 마른하늘에 날벼락이네.
- 너무 창피해. 얼른 와 줘.
- 근데, 미끄럼틀 때문에 터진 거야? 방귀 때문에 터진 거야? ㅋ
- 나도 몰라. 흑흑.

같은 속담
= 마른하늘에 벼락 맞는다
= 맑은 하늘에 벼락 맞겠다

▲ 도시로 내리치는 벼락의 모습

콰르릉, 벼락

벼락은 공중의 전기와 땅 위의 물체 사이에 흐르는 전기가 바깥으로 흘러나와 빛을 내며 땅의 뾰족한 물체에 내리꽂히는 현상이에요. 이때의 빛은 아주 높은 온도의 열이에요. 태양의 표면 온도인 섭씨 약 6000도보다 훨씬 높은 섭씨 약 27000도나 된답니다. 그래서 벼락을 맞은 나무가 불에 타기도 하고, 사람이 벼락을 맞으면 목숨을 잃을 수도 있어요.

마른하늘에 벼락이 칠 수 있을까?

벼락은 주로 세찬 비가 내릴 때 일어나는 현상이에요. 비구름과 비구름 사이, 비구름과 땅 사이에 전기가 많이 흐르고 있기 때문이에요. 그런데 맑은 하늘에도 벼락이 칠 수 있다고 해요. 맑은 날이라도 구름이 많고 습도가 높으면 전기의 이동이 많아져 벼락이 칠 가능성이 있는 것이지요. 또 맑은 하늘 위로 커다란 적란운(쌘비구름)이 지나가면서 번개가 칠 수도 있다고 해요.

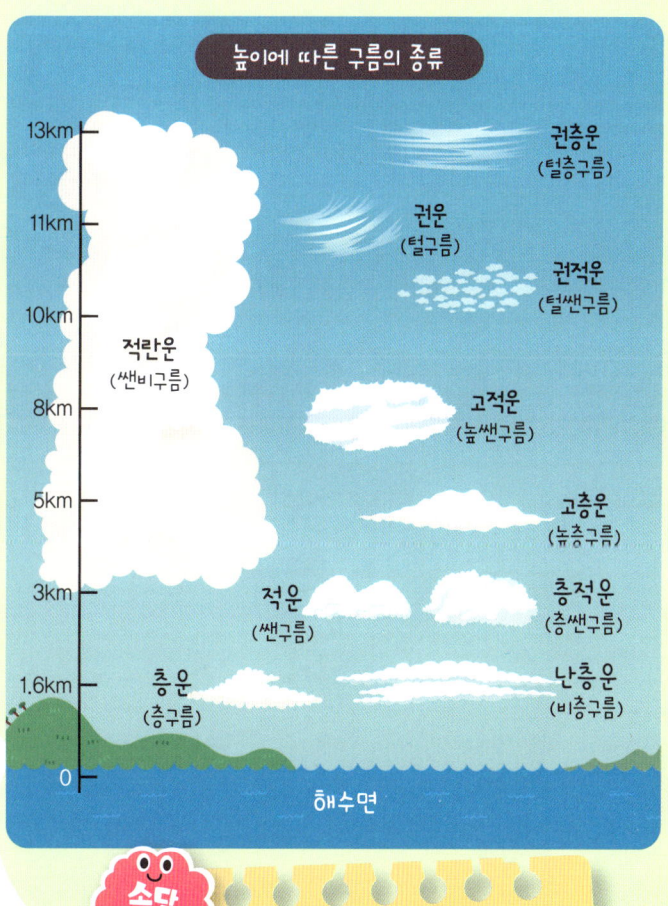

번쩍! 휙! 재빠른 벼락 낱말

- **돈벼락**: 갑자기 한꺼번에 생긴 많은 돈을 비유적으로 이르는 말이에요.
- **벼락공부**: 평소에는 하지 않다가 시험이 닥쳐서야 갑자기 서둘러 하는 공부를 일컬어요.
- **벼락치기**: 임박하여 급히 서둘러 일을 하는 방식을 말하지요.
- **벼락부자**: 갑자기 된 부자예요.

속담 더하기

➕ **벼락 맞을 소리**
벌을 받아 마땅할 만큼 당찮은 말.

27 목마른 놈이 우물 판다

물이 먹고 싶은 사람이 가장 먼저 우물을 판다는 말이에요.
어떤 일이든 제일 급한 사람이 그 일을 서둘러 하게 된다는 뜻의 속담이랍니다.

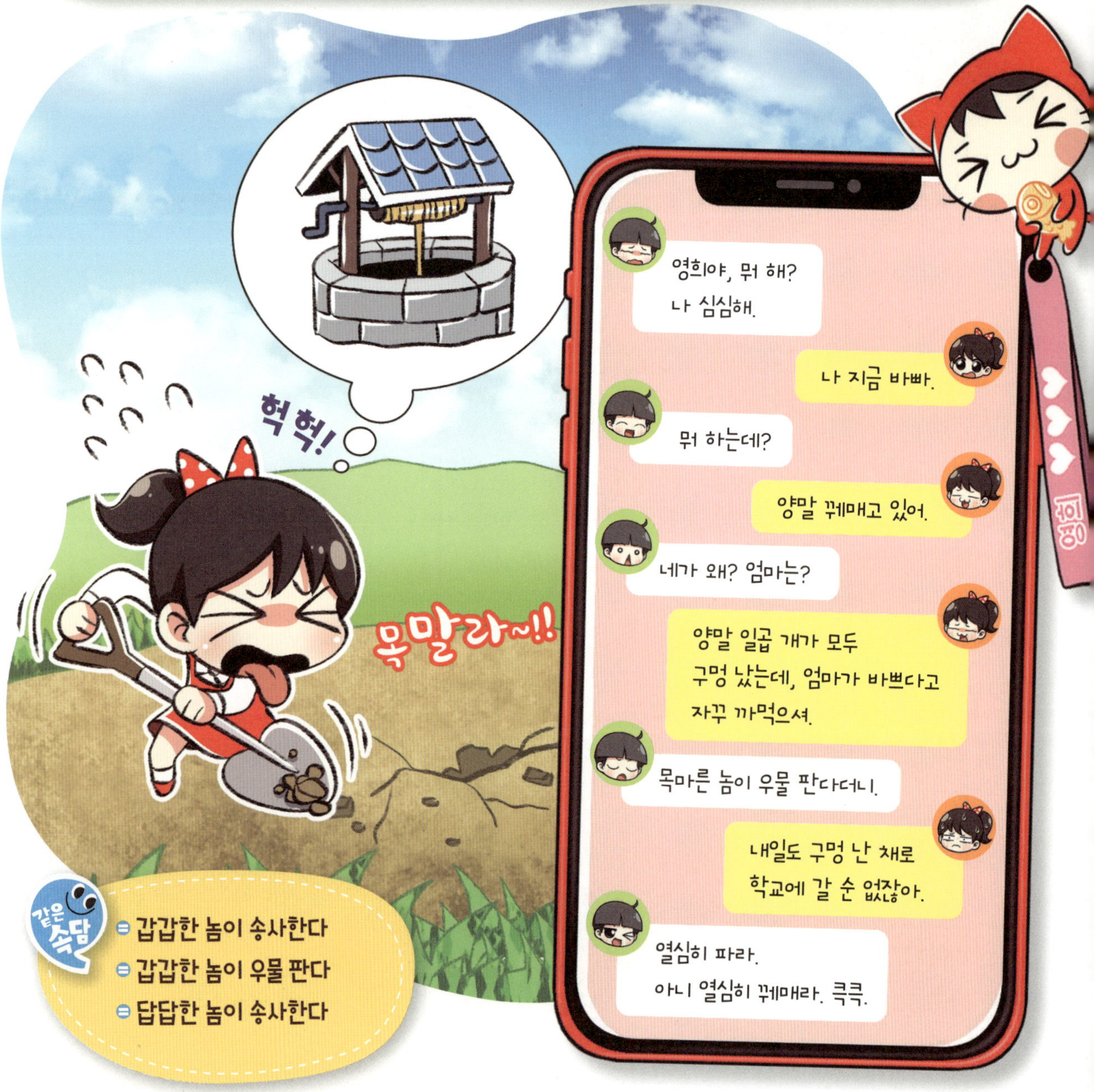
헉 헉!
목말라~!!
영희야, 뭐 해?
나 심심해.
나 지금 바빠.
뭐 하는데?
양말 꿰매고 있어.
네가 왜? 엄마는?
양말 일곱 개가 모두
구멍 났는데, 엄마가 바쁘다고
자꾸 까먹으셔.
목마른 놈이 우물 판다더니.
내일도 구멍 난 채로
학교에 갈 순 없잖아.
열심히 파라.
아니 열심히 꿰매라. 크크.

같은 속담

- = 갑갑한 놈이 송사한다
- = 갑갑한 놈이 우물 판다
- = 답답한 놈이 송사한다

우리 몸은 '물' 빼면 시체

우리 몸에서 가장 많이 차지하고 있는 것은 '물'이에요. 갓 태어난 아기는 80퍼센트 정도, 어른이 되면 70퍼센트 정도, 노인이 되면 60퍼센트 정도의 물이 우리 몸속에 있어요. 혈액, 근육, 장기, 세포 등 거의 모든 부분에 물이 있지요. 목이 마르다는 느낌은 우리 몸속의 물이 부족하다는 신호예요. 몸속의 물을 10퍼센트만 잃어도 건강과 생명이 위험해지기 때문에 몸속의 수분이 부족하지 않도록 자주 물을 마셔야 한답니다.

똑똑한 물 조절

숨을 내쉬거나, 땀을 흘릴 때, 오줌을 눌 때 등 우리 몸에서는 끊임없이 물을 내보내고 있어요. 보통 하루에 약 1.5~2.5리터의 물이 몸 밖으로 빠져나가요. 그래서 음식을 먹거나 물을 마셔서 그만큼의 수분을 채워야 하지요. 우리 몸에서 물이 차지하는 비중이 큰 만큼 물은 아주 중요한 일을 해요. 더울 때 땀을 내서 체온을 낮추고, 몸에 필요 없는 물질은 물과 함께 오줌으로 내보내 몸속 수분의 양을 일정하게 유지시켜요.

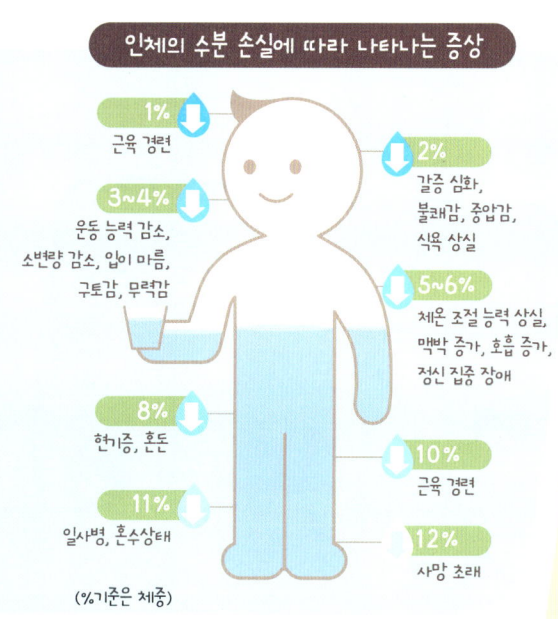

인체의 수분 손실에 따라 나타나는 증상
- 1% 근육 경련
- 2% 갈증 심화, 불쾌감 중압감, 식욕 상실
- 3~4% 운동 능력 감소, 소변량 감소, 입이 마름, 구토감, 무력감
- 5~6% 체온 조절 능력 상실, 맥박 증가, 호흡 증가, 정신 집중 장애
- 8% 현기증, 혼돈
- 10% 근육 경련
- 11% 일사병, 혼수상태
- 12% 사망 초래

(%기준은 체중)

피, 땀, 오줌

피	물 (90퍼센트 이상)	+단백질+지방+당+무기 염류 등
땀	물 (99퍼센트 이상)	+나트륨+염소+칼륨+질소 함유물 +젖산+요소 등
오줌	물 (90퍼센트 이상)	+요소+단백질+포도당 등

속담 더하기

➕ **목마른 사람에게 물소리만 듣고 목을 축이라 한다**
말만 달콤하게 하지 실속 있는 대책을 세워 주지 않음을 비유적으로 이르는 말.

➕ **목마른 송아지 우물 들여다보듯**
소금 먹은 소가 목이 말라 깊은 우물을 들여다보며 안타까워한다는 뜻으로, 무엇을 골똘하게 궁리하거나 해결 방도를 찾지 못하여 애쓰는 모양을 비유적으로 이르는 말.
=소금 먹은 소 우물 들여다보듯

28 무쇠도 갈면 바늘 된다

아주 단단한 무쇠도 꾸준히 갈면 가느다란 바늘이 될 수 있다는 말이에요.
아무리 어려운 일이라도 꾸준히 노력하면 언젠가 이룰 수 있음을 뜻하는 속담이랍니다.

요즘 놀이터에도 안 나오고 집에서 뭐 하냐?

학 접는 중. 바쁨.

학 천 마리 접어서 소원 빌게?

난 학 만 마리 접을 거야. 소원이 좀 크거든.

그 많은 걸 언제 다 접냐?

무쇠도 갈면 바늘 되는 법이야.

지금 몇 마리 접었는데?

1560마리.

헐! 아직 8440마리나 더 접어야 돼? 학 접다가 할머니 되겠다.

하루 종일 방에서 뭐 해?

무쇠 바늘 만들려고.

무쇠로 만든 가마솥

옛날에는 밥을 짓는 데 무쇠로 만든 가마솥을 사용했어요. 아주 크고 우묵한 가마솥은 천천히 데워지지만 한 번 달구어지면 쉽게 식지 않고, 무거운 솥뚜껑이 솥 안의 압력을 높은 상태로 유지시켜 음식물을 속속들이 익혀 주지요.

▲ 부뚜막의 무쇠솥

뚝딱뚝딱 대장간

쇠를 불에 달구고 두드려 낫, 호미, 괭이, 가위, 톱 등의 기구나 도구를 만들어 내는 곳이에요. 지금은 찾아보기 어렵지만, 농업을 주로 하던 옛날에는 마을 곳곳에 대장간이 있었어요. 대장간에서 일을 하는 사람을 '대장장이'라고 하지요.

▲ 함경남도 영흥 대장간의 모습

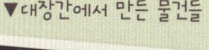
▼ 대장간에서 만든 물건들

대장간 풍경

왼쪽 그림은 조선 후기의 화가 김홍도가 그린 〈대장간〉이라는 작품이에요. 열심히 땀 흘리며 쇠를 두드리고, 숫돌에 낫을 가는 대장장이들의 모습이 사실감 넘치게 묘사되어 있어요.

▲ 김홍도, 〈대장간〉, 18세기, 국립 중앙 박물관

속담 더하기

- **비는 데는 무쇠도 녹는다**
 자기의 잘못을 잘 변명하고 사과하면 아무리 완고한 사람이라도 용서함을 비유적으로 이르는 말.

- **짚불에 무쇠가 녹는다**
 약한 것이라도 큰일을 해낼 수 있다는 말.

29 물에 빠지면 지푸라기라도 잡는다

물에 빠져 목숨이 위험한 상황에서는 살기 위해서 가늘고 약한 지푸라기라도 잡는다는 말이에요. 위급한 때엔 앞뒤 가리지 않고 무엇이나 닥치는 대로 잡고 늘어지게 됨을 뜻하는 속담이랍니다.

아악! 내 머리!

사람 살려! 일단 지푸라기… 아니, 머리카락이라도!

> 우리 엄마가 너한테 곧 전화할 거야.
>
> 왜?
>
> 학원 빼먹고 PC방 간 거 들켰어.
>
> 근데 왜 나한테 전화하신대?
>
> 내가 너랑 같이 갔다고 했거든.
>
> 왜 나까지 끌어들여.
>
> 넌 평소에 모범생이니까 너랑 같이 갔다고 하면 봐줄 것 같아서.
>
> ㅠㅠ 헐.
>
> 물에 빠지면 지푸라기라도 잡아야지 어쩌겠어.
>
> 내가 지푸라기냐.
>
> 한 번만 도와주라. 제발! 응? 응?

지푸라기

벼, 보리, 밀, 조 등의 이삭을 떨어낸 줄기와 잎을 '짚'이라고 해요. 낱낱의 짚이나 부서진 짚의 부스러기를 '지푸라기'라고 하지요. 이렇게 가느다랗고 약한 지푸라기는 물에 둥둥 뜰 만큼 가볍고 힘이 없어요. 하지만 물에 빠져 목숨이 위태로운 사람이라면 지푸라기라도 잡으려고 안간힘을 쓸 거예요. 주로 '물에 빠지면 지푸라기라도 잡는 심정으로'라는 표현으로 많이 쓰인답니다.

조상님의 지푸라기 활용 생활

- 지붕에 덮어 비를 막았어요.
- 벽에 둘러 바람을 막았어요.
- 바닥에 깔아 찬 기운을 막는 깔개로 이용했어요.
- 짚을 꼬아 줄이나 밧줄을 만들었어요.
- 짚을 엮어 짚신을 만들어 신었어요.
- 짚을 두툼하게 엮은 거적으로 문을 만들었어요.

▲ 짚을 엮어 만든 여러 물건
◀ 짚으로 지붕을 만든 초가집

▲ 볏짚으로 만든 삼태기
▲ 짚을 엮어 만든 짚신

우리도 짚이 필요하다, 음매!

가축을 기르는 데에도 짚이 필요했어요.
- 짚을 잘게 썰어 소의 여물로 주었어요.
- 짚으로 뜬 둥우리에 병아리와 닭을 길렀어요.
- 짚을 꼬아 새끼돼지의 우리를 만들었어요.

▲ 짚을 썰어 만든 여물을 먹는 소
▼ 병아리와 닭을 기르는 닭둥우리

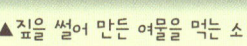

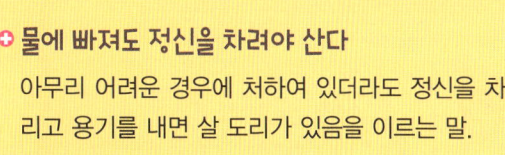

속담 더하기

◈ **물에 빠진 놈 건져 놓으니까 내 봇짐 내라 한다**
물에 빠진 사람을 건져 목숨을 구해 주었더니 고맙다고 하기는커녕 내가 들고 있던 봇짐까지 내놓으라고 한다는 말. 남에게 은혜를 입고서도 그 고마움을 모르고 생트집을 잡음을 뜻하는 속담.
= 물에 빠진 놈 건져 놓으니까 망건값 달라 한다

◈ **물에 빠져도 정신을 차려야 산다**
아무리 어려운 경우에 처하여 있더라도 정신을 차리고 용기를 내면 살 도리가 있음을 이르는 말.

◈ **양반은 물에 빠져도 개헤엄은 안 한다**
아무리 위급한 때라도 체면을 유지하려고 노력한다는 말.

30 미꾸라지 한 마리가 온 웅덩이를 흐려 놓는다

미꾸라지 한 마리가 흙탕물을 일으켜서 웅덩이의 물을 온통 다 흐리게 한다는 말이에요. 한 사람의 좋지 않은 행동이 그 집단 전체나 여러 사람에게 나쁜 영향을 미칠 수 있음을 뜻하는 속담이랍니다.

카톡 대화:
- 국어 책에 그린 그림 네가 그린 거야?
- 아, 봤어?
- 온통 그림으로 도배되어 있던데.
- 멋있지 않냐?
- 전혀.
- 내가 그린 거 보고 우리 반 남자애들 다 그리고 있는걸.
- 미꾸라지 한 마리가 온 웅덩이를 흐려 놓는다더니.
- 뭐야. 내 그림 보고 다 멋있다고 하는데.
- 교과서에 그림 그리는 게 자랑이냐.

물속 장면:
- 얘들아, 내가 새로 개발한 댄스 보여 줄게!
- 그만해! 이러다 흙탕물 되겠어.

같은 속담 = 미꾸라지 한 마리가 한강 물을 다 흐리게 한다

영어 표현 * One rotten apple spoils the barrel.
썩은 사과 하나가 한 통의 사과를 망친다.

요리조리 빠져나가는 미꾸라지

▲ 미꾸라지

미꾸라지는 주로 논이나 농수로, 개천이나 못 등의 흙 속에 살아요. 물속에서 아가미로 호흡을 하지만 가끔 수면으로 떠올라 공기 호흡도 해요. 또 더러운 물이나 산소가 부족해도 잘 견딜 수 있지요. 몸의 길이는 10~20센티미터로 가늘고 길며 아주 미끄러워요.

물을 흐린다고? 물의 맑기에 따른 물의 급수

'미꾸라지 한 마리가 물을 흐린다'는 속담은 미꾸라지가 먹이를 찾기 위해 물속의 바닥을 파헤쳐 흙탕물이 일기 때문에 생긴 말이지요. 그러나 미꾸라지는 사실 물을 맑게 하는 이로운 생물이에요. 또 미꾸라지는 물의 오염도를 알려 주는 3급수 지표 동물이에요.

강의 최상류나 계곡의 물로, 사람이 먹을 수 있어요. 산천어, 가재, 열목어, 옆새우 등이 살아요.	 1급수	 버들치  열목어  버들개	버들치, 열목어, 버들개, 가재, 어름치, 갈겨니, 금강모치, 산골플라나리아, 강도래, 하루살이류
끓여서 먹을 수 있고, 수영을 할 수 있어요. 꺽지, 쉬리, 피라미 등이 살아요.	 2급수	 쏘가리  다슬기  물장군	쏘가리, 다슬기, 물장군, 피라미, 은어, 날도래 유충, 장구애비, 잠자리 유충, 소금쟁이
흙이 섞여 탁해서 농사나 공장에서 써요. 잉어, 미꾸라지, 메기 등이 살아요.	 3급수	 붕어  미꾸라지 장구애비	붕어, 미꾸라지, 장구애비, 잉어, 메기, 우렁이, 뱀장어, 거머리, 달팽이, 조개류, 잠자리 유충, 소금쟁이, 물장군
오염이 심한 더러운 물이에요. 물고기가 살지 못해요.	 4급수	 거머리	거머리, 실지렁이, 나방애벌레, 피벌레, 깔따구
4급수보다 오염 정도가 더 심한 물로, 나방파리류나 꽃등애류가 살아요.	 5급수	 깔따구	깔따구, 실지렁이, 나방애벌레, 피벌레

속담 더하기

➕ **미꾸라지 모래 쑤신다**
미꾸라지가 모래를 쑤시고 들어가 감쪽같이 숨었다는 뜻으로, 아무리 하여도 아무런 흔적이 없음을 비유적으로 이르는 말.

➕ **미꾸라지 용 됐다**
미천하고 보잘것없던 사람이 크게 된 것을 비유적으로 이르는 말.

31. 바늘 가는 데 실 간다

바느질을 하기 위해서는 바늘에 실이 항상 뒤따른다는 말이에요.
사람 사이의 긴밀한 관계를 뜻하는 속담이랍니다.

채팅:
- 사거리에 도넛 가게가 새로 생겼대. 도넛 사 먹으러 가자.
- 나도 봤어. 안 그래도 가자고 하려고 했지.
- 그럼 학원 끝나고 4시에 봐.
- 주원이도 같이 갈게.
- 주원이는 왜?
- 주원이도 도넛 좋아하거든.
- 바늘 가는 데 실 간다더니.
- 헤헤, 그런가?

나를 따르라!
오냐!

같은 속담
- 구름 갈 제 비가 간다
- 바늘 가는 데 실 가고 바람 가는 데 구름 간다
- 바늘 따라 실 간다
- 바람 간 데 범 간다
- 봉 가는 데 황 간다
- 실 가는 데 바늘도 간다

귀한 실의 의미

예부터 옷을 지으려면 바늘과 실이 꼭 필요했어요. 그만큼 바늘과 실은 우리 생활에 중요한 의미였지요. 특히 실은 길게 이어지고, 얽히는 모양 때문에 돌잡이 물건 중 장수를 기원하는 물건으로 올렸고, 혼례 때는 청실홍실을 엮어 혼사의 성립을 알렸어요.

▲ 장수를 상징하는 돌잡이 물건으로 돌상에 올려진 하얀 실타래

누에가 실을 뱉는다고?

'명주실'은 누에고치에서 뽑은 가늘고 고운 실을 말해요. 알에서 깬 누에는 네 번의 허물을 벗는데, 다 자라고 나면 입에서 실을 토하여 고치를 만들고 그 안에서 번데기가 돼요. 이 고치로 명주실을 뽑는 것이지요.

▲ 뽕나무 잎을 갉아 먹고 있는 하얀 누에 유충

▲ 누에고치의 모습

▲ 누에고치에서 뽑아낸 명주실과 삶은 누에고치, 명주실로 만든 천

규중칠우쟁론기

▲ 옷을 만들 때 사용하는 도구

부녀자가 바느질을 하는 데 필요한 일곱 가지 물건인 '바늘, 실, 골무, 가위, 자, 인두, 다리미'를 '규중칠우'라고 해요. 〈규중칠우쟁론기〉는 규중칠우를 의인화하여 인간 사회를 풍자한 조선 시대의 한글 수필이지요. 《망로각수기》에 실려 있지만 작가와 작품이 쓰인 연대는 알 수 없어요.

바늘 도둑이 소도둑 된다

'바늘 도둑이 소도둑 된다'는 속담은 아주 작은 바늘을 훔치던 사람이 그 일을 계속 반복하면 결국 덩치가 크고 비싼 소까지도 훔친다는 말이에요. 작은 나쁜 짓도 자꾸 하게 되면 큰 죄를 저지르게 됨을 뜻하는 속담이지요. 같은 속담으로는 '바늘 쌈지에서 도둑이 난다'가 있어요.

속담 더하기

➕ **바늘보다 실이 굵다**
바늘에 꿰야 할 실이 바늘보다 굵다는 말. 커야 할 것이 작고 작아야 할 것이 커서 사리에 어긋남을 뜻하는 속담.

➕ **용 가는 데 구름 간다**
반드시 같이 다녀서 둘이 서로 떠나지 않는 경우를 비유적으로 이르는 말.
=용 가는 데 구름 가고 범 가는 데 바람 간다

32 바늘구멍으로 황소바람 들어온다

추운 겨울에는 바늘구멍 같은 작은 구멍으로도 엄청나게 센 바람이 들어오지요.
이 속담은 작은 것이라도 때에 따라서는 소홀히 하여서는 안 됨을 뜻해요.

으악! 구멍 사이로 황소가!

- 눈썰매장 잘 갔다 왔어?
- 감기 걸려서 누워 있는 중.
- 단단히 무장하고 간다더니, 웬 감기?
- 마스크를 깜빡하고 안 가져간 거야. ㅠㅠ
- 으이그. 네가 그럼 그렇지.
- 목도리로 입까지 가리면 될 줄 알았지.
- 바늘구멍으로 황소바람 들어오는 거 몰라?
- 어쩐지 배꼽까지 찬 바람이 들어오더라.

불어라, 바람아!

땅이 햇빛에 의해 데워지거나 갑자기 차가워지면 공기 중에 기온 차이가 생기면서 기압 차이가 나요. 이때 온도나 기압의 차이 때문에 공기가 이동하는 현상을 '바람'이라고 해요. 공기는 기압이 높은 곳에서 낮은 곳으로 이동하는 성질이 있는데, 이렇게 이동하는 공기의 흐름 때문에 바람이 부는 것이지요. 바람은 두 지점의 기압 차가 클수록 강하게 분답니다.

베르누이의 정리

스위스의 물리학자인 베르누이(1700~1782)는 공기가 좁은 곳을 통과할 때 속도가 더 빠르다는 사실을 알아냈어요. 넓은 곳에서 움직이던 공기 분자가 좁은 곳으로 들어서면 부딪히는 횟수가 늘어나면서 속력이 빨라지지요. 이 이론을 '베르누이의 정리'라고 해요. 바람의 속력이 빨라지면 바람은 더 강해져요. 창문으로 들어오는 바람보다 아주 좁은 바늘구멍으로 들어오는 바람이 더 춥게 느껴지는 이유랍니다.

베르누이의 정리로 알아보는 공기의 흐름

공기의 속력 증가로 내부 압력이 낮아짐 — 좁은 통로 — 공기의 흐름 — 넓은 통로
공기의 속력 감소로 내부 압력이 높아짐
압력차 — 물기둥

재미있는 바람 사전

- **건들바람** : 초가을에 선들선들 부는 바람.
- **마파람** : 남쪽에서 불어오는 바람.
- **바람길** : 바람이 불어오거나 지나가는 길.
- **살바람** : 좁은 틈으로 새어 들어오는 찬 바람.
- **칼바람** : 몹시 매섭고 독한 바람.
- **하늬바람** : 서쪽에서 부는 바람.

속담 더하기

⊕ 바늘구멍으로 하늘 보기
조그만 바늘구멍으로 넓디넓은 하늘을 본다는 뜻으로, 전체를 포괄적으로 보지 못하는 매우 좁은 소견이나 관찰을 비꼬는 말.
=댓구멍으로 하늘을 본다

⊕ 바늘로 몽둥이 막는다
당해 낼 수 없는 힘으로 큰 것을 막으려 하는 어리석은 행동을 비꼬는 말.

⊕ 바늘로 찔러도 피 한 방울 안 난다
1. 사람의 성격이 빈틈이 없거나 융통성이 없음을 비유적으로 이르는 말.
2. 사람이 매우 단단하고 야무지게 생겼음을 비유적으로 이르는 말.
3. 지독한 구두쇠를 비유적으로 이르는 말.

33 방귀 뀐 놈이 성낸다

자기가 방귀를 뀌고 오히려 남한테 성낸다는 말이에요.
잘못을 저지른 쪽에서 오히려 남에게 성냄을 비꼴 때 쓰는 속담이랍니다.

꽉 막힌 곳에서 방귀 뀌는 사람 정말 싫지 않니?

뿌양~

너나 잘해!

도대체 뭘 먹은 거냐, 넌.

같은 속담 = 똥 싸고 성낸다

상호 진짜 왜 그래?

무슨 일인데?

떡볶이 국물 내 옷이 튀기고는 내가 옆에 바짝 붙어 있었다고 화를 내는 거야.

방귀 뀐 놈이 성낸다더니. 내가 혼내 줄게.

철수 멋져! 완전 든든!

방귀에는 방귀로!

방귀로?

내가 가서 빵! 하고 한 방 뀌고 올 테니 기다려.

-_- 그러다 똥 쌀라.

뿡뿡 방귀는 왜 나올까?

우리가 음식을 먹을 때 공기도 함께 입안으로 들어가는데, 그 공기가 음식물과 같이 창자로 내려가고, 창자에서 생겨난 가스와 혼합되어 항문으로 나오는 것을 '방귀'라고 해요. 입으로 들어간 공기의 양이 많으면 방귀의 양도 많아져요. 그래서 음식을 빨리 먹는 사람은 입으로 들어가는 공기가 많아져 방귀도 많이 뀌는 거예요.

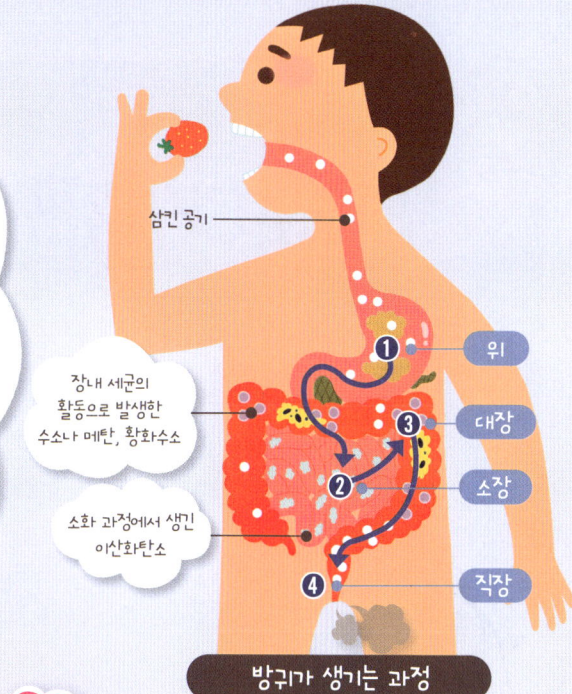

▲ 방귀가 생기는 과정

하루 열 번은 방귀를 뀌어야 정상!

사람은 하루에 보통 열 번 넘게 방귀를 뀌는 게 정상이에요. 방귀는 질소, 이산화탄소, 메탄, 수소 등으로 이루어져 있는데, 한 번 방귀를 뀔 때 약 30~120밀리리터의 양이 배출되지요. 이런 방귀를 억지로 참으면 빠져나가야 할 질소가 장에 쌓이면서 배가 부풀어 오르거나, 질병을 일으킬 수 있어요. 방귀는 불필요한 몸속 가스를 빼내는 일이기 때문에 꼭 필요한 신체 현상이랍니다.

적을 향해 발사!

방귀를 뀌는 동물로 스컹크가 유명하지요. 하지만 스컹크가 내뿜는 것은 방귀가 아니라 악취가 강한 액체예요. 스컹크는 적을 만나 위험에 처하면 항문 옆에 있는 한 쌍의 항문선에서 황금색 액체를 적의 얼굴 쪽으로 발사해요. 이 액체가 눈에 들어가면 잠시 보이지 않게 되어 더 이상 공격할 수 없게 되지요.

▲ 스컹크

속담 더하기

● **노루가 제 방귀에 놀라듯**
남몰래 저지른 일이 염려되어 스스로 겁을 먹고 대수롭지 아니한 것에도 놀람을 비유적으로 이르는 말.
= 토끼가 제 방귀에 놀란다

● **똥 싼 놈은 달아나고 방귀 뀐 놈만 잡혔다**
크게 나쁜 일을 한 사람은 들키지 아니하고 그보다 덜한 죄를 지은 사람은 들켜서 남의 허물까지 뒤집어쓰게 됨을 비유적으로 이르는 말.
= 등겨 먹던 개는 들키고 쌀 먹던 개는 안 들킨다
= 똥 먹던 강아지는 안 들키고 겨 먹던 강아지는 들킨다

● **방귀가 잦으면 똥 싸기 쉽다**
어떤 현상과 연관이 있는 징조가 자주 나타나게 되면 필경 그 현상이 생기기 마련이라는 뜻으로, 무슨 일이나 소문이 잦으면 실현되기 쉬움을 비유적으로 이르는 말.

● **제 방귀에 놀란다**
자기가 한 일에 자기가 놀라는 경우를 비유적으로 이르는 말.
= 봄 꿩이 제바람에 놀란다

34. 배보다 배꼽이 더 크다

배보다 거기에 붙은 배꼽이 더 크다는 말로, 기본이 되는 것보다 덧붙이는 것이 더 많거나 큰 경우를 뜻하는 속담이에요.

대화:
- 나 드디어 소원이랑 같이 학원 다닌다!
- 저번에 말한 데?
- 응. 엄마가 허락하셨어.
- 거기 비싼 데 아니야?
- 한 달에 30만 원이래.
- 배보다 배꼽이 더 큰 거 아니니?
- 그래도 소원이랑 같이 다니잖아.
- 어휴. 잘났다. 정말.

소원성취

살 좀 빼야 하나…?

헐! 배꼽만 찔 수도 있는 거?

같은 속담
- 눈보다 동자가 크다
- 몸보다 배꼽이 더 크다
- 발보다 발가락이 더 크다
- 아이보다 배꼽이 크다
- 얼굴보다 코가 더 크다

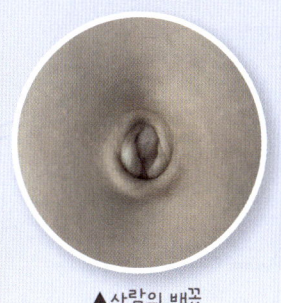
▲ 사람의 배꼽

배와 배꼽

'배'는 가슴과 엉덩이 사이의 부위를 말해요. 우리 몸에서 위장, 창자, 콩팥 등의 내장이 들어 있는 곳이지요. 또 배의 한가운데에 있는 '배꼽'은 탯줄이 떨어지면서 흔적으로 생긴 콩만 한 자리예요. 당연히 배꼽보다 배가 훨씬 더 크지요.

배꼽이 있는 동물, 없는 동물

배꼽이 있는 동물은 태어나기 전에 엄마 배 속에서 자랐다는 것을 의미해요. 이러한 동물을 '태생 동물'이라고 하고, 태생 동물에는 사람을 비롯해 범고래, 호랑이, 사자 등이 있어요. 반면 알에서 태어나서 부화하는 동물을 '난생 동물'이라고 해요. 닭, 펭귄, 독수리 등의 조류와 개구리, 도롱뇽 등의 양서류, 뱀, 도마뱀 같은 파충류 등의 난생 동물은 알 속 영양분으로 자라서 알을 깨고 나오기 때문에 탯줄이 필요 없고, 따라서 배꼽도 없어요.

나도 배꼽 있다!

엄마와 태아를 연결하는 탯줄

태아가 엄마 몸속에 자리를 잡으면 태아와 태반을 연결하는 탯줄이 생겨요. 가늘고 긴 탯줄을 통해서 엄마로부터 영양분과 산소가 공급되고, 태아는 노폐물을 엄마에게 전달하지요. 배 속에 있던 아기는 태어날 때 탯줄을 그대로 달고 나오는데, 태어난 지 일주일쯤 지나면 탯줄이 저절로 떨어지면서 배꼽이 되는 거예요.

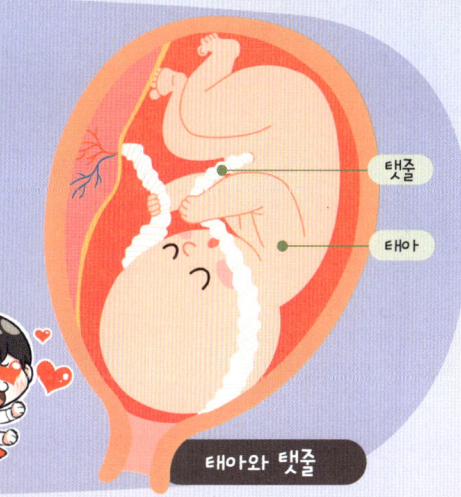
태아와 탯줄

재미있는 배꼽 사전
- **배꼽마당**: 동네에 있는 아주 작은 마당.
- **배꼽시계**: 배가 고픈 것으로 끼니때 따위를 짐작하는 일을 비유적으로 이르는 말.
- **배꼽참외**: 꽃받침이 떨어진 자리가 유달리 볼록 나온 참외.

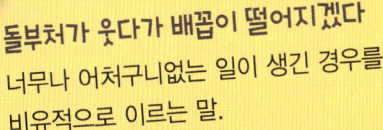

속담 더하기

➕ **돌부처가 웃다가 배꼽이 떨어지겠다**
너무나 어처구니없는 일이 생긴 경우를 비유적으로 이르는 말.
= 돌미륵이 웃을 노릇
= 길가의 돌부처가 다 웃겠다
= 돌부처가 웃을 노릇

35. 뱁새가 황새를 따라가면 다리가 찢어진다

다리가 짧은 뱁새가 다리가 긴 황새를 따라가다가 다리가 찢어진다는 말이에요. 이처럼 힘에 겨운 일을 억지로 하면 도리어 해만 입는다는 뜻이랍니다.

채팅:
- 나 결심했어!!!
- 뭘?
- 우주 형처럼 세계 최강 프로 게이머가 될 거야.
- 어떻게?
- 잠 안 자고 게임만 열심히 하는 거지.
- 뱁새가 황새를 따라가면 다리가 찢어지는 법이라고.
- 그래도 할 거야!
- 너를 누가 말리니. 작심삼일 아니면 다행이다.
- 두고 봐!

삽화 대사:
- 따라오지 말랬지?
- 경중
- 윽! 내 가랑이!
- 찌직!
- 깡총

같은 속담
= 촉새가 황새를 따라가다 가랑이 찢어진다

북한에서는 이렇게 써요
= 참새가 황새걸음 하면 다리가 찢어진다

비교! 뱁새와 황새

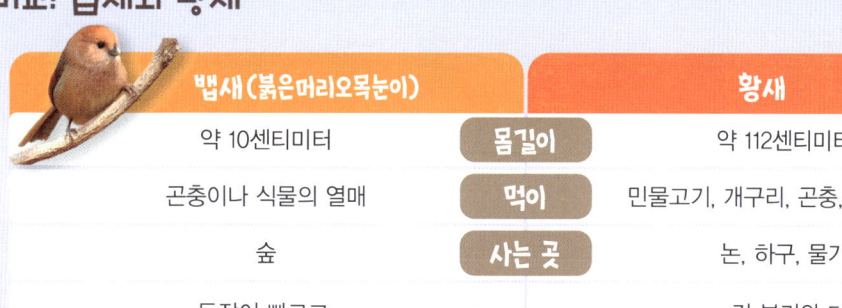

뱁새 (붉은머리오목눈이)		황새
약 10센티미터	몸길이	약 112센티미터
곤충이나 식물의 열매	먹이	민물고기, 개구리, 곤충, 벼의 뿌리
숲	사는 곳	논, 하구, 물가
동작이 빠르고, 해충을 잡아먹는 이로운 새	특징	긴 부리와 다리, 천연기념물 제199호

우리는 천연기념물

우리나라에서는 학술, 자연사, 지리학적으로 중요하거나 희귀하고 특별한 동물, 식물, 지질 등을 보호하고 보존하기 위해 '천연기념물'을 지정해요. 천연기념물로 지정된 새로는 황새를 비롯해 따오기, 두루미, 저어새, 크낙새, 노랑부리저어새 등이 있어요.

▲두루미

노랑부리저어새▶

호취도

새나 짐승을 그린 그림을 '영모화'라고 해요. 영모화는 조선 시대에 많은 화가가 즐겨 그렸어요. 이 그림은 조선 말기의 화가 장승업(1843~1897)이 독수리의 모습을 그린 〈호취도〉예요. 생동감 넘치게 표현한 독수리의 매서운 눈매와 날카로운 발톱이 인상적이에요.

▲ 장승업, 〈호취도〉, 조선 후기, 리움 미술관

속담 더하기

⊕ **뱁새가 수리를 낳는다**
못난 어버이한테서 훌륭한 아들이 난 경우를 비유적으로 이르는 말.

⊕ **뱁새는 작아도 알만 잘 낳는다**
몸은 비록 작아도 능히 큰일을 감당함을 비유적으로 이르는 말.
=참새가 작아도 알만 잘 깐다

⊕ **학이 곡곡 하고 우니 황새도 곡곡 하고 운다**
남이 하는 대로 무턱대고 자기도 하겠다고 따라나서는 주책없는 행동을 비유적으로 이르는 말.
=새 오리 장가가면 헌 오리 나도 한다

벼 이삭은 익을수록 고개를 숙인다

벼가 익으면 열매가 달리는 이삭은 무거워져 고개를 숙이는 것처럼 아래로 처진다는 말이에요. 교양이 있고 수양을 쌓은 사람일수록 겸손하고 남 앞에서 자기를 내세우려 하지 않는다는 것을 뜻하는 속담이랍니다.

같은 속담
- 곡식 이삭은 익을수록 고개를 숙인다
- 낟알은 익을수록 고개를 숙인다
- 병에 찬 물은 저어도 소리가 나지 않는다

- 잘 익은 벼 이삭일수록 더 깊이 내리 숙인다

한국인의 주식, 쌀

우리나라 사람들은 쌀을 주식으로 먹어요. 그만큼 쌀 생산량도 많고, 소비량도 많지요.

쌀을 얻기 위해서는 먼저 모판에 볍씨를 심어야 해요. 볍씨에서 싹이 트면 얼마 후 벼가 조금 자라지요. 조금 자란 벼는 넓은 논에 옮겨 심어요. 이걸 '모내기'라고 해요. 그 후 여름이 지나고 가을이 되면 벼는 다 자라 꽃이 펴요. 꽃이 지고 나면 열매가 생기는데, 이 열매가 바로 우리가 먹는 쌀이지요. 열매가 더부룩하게 많이 열리는 부분을 '이삭'이라고 해요. 이삭이 노랗게 다 익으면 고개를 숙이고, 농부들은 곧 추수를 한답니다.

▲노랗게 익은 벼 이삭

▼모내기하는 모습

어기여차, 에여라차

우리나라에는 고된 농사일을 할 때 일을 즐겁게 하고 능률을 높이기 위해서 노동요를 불렀어요. 빠른 장단으로 두 편이 주고받으며 흥겹게 부르는 노동요는 민요로서 오랫동안 입에서 입으로 전해져 왔지요. 노동요로는 모를 심으면서 부르는 〈모내기 노래〉, 모를 뽑아내면서 부르는 〈모찌기 노래〉와 보리타작을 할 때 도리깨질을 하면서 부르던 〈옹헤야〉, 〈어화 소리〉 등이 있어요.

이삭 줍는 사람들

이 그림은 프랑스의 사실주의 화가 장 프랑수아 밀레(1814~1875)의 대표적인 작품이에요. 추수가 끝난 들판에서 이삭을 줍고 있는 농촌 여인의 모습을 수수하면서도 엄숙한 아름다움으로 표현했어요.

장 프랑수아 밀레, <이삭 줍는 사람들>, 1857년, 오르세 미술관 ▶

속담 더하기

✚ **패는 곡식 이삭 뽑기**
잘되어 가는 일을 심술궂은 행동으로 망치는 경우를 비유적으로 이르는 말.
=잦힌 밥에 흙 퍼붓기

✚ **흉년에 뱁이 조 이삭을 먹는다**
굶어 죽게 되니 이치상 도저히 생각할 수 없는 일조차 예사로 하게 된다는 말.

37 벼룩의 간을 내먹는다

눈에 보이지도 않을 만큼 아주 작은 곤충의 간을 빼내어 먹는다는 말이에요. 하는 짓이 무척 옹졸하고 인색하거나 어려운 처지에 있는 사람의 것을 뜯어냄을 뜻하는 속담이랍니다.

영희야, 이번 달 용돈 얼마 남았어?

2천 원. 왜?

나는 벌써 용돈 다 썼거든. 이따가 학원 갈 때 나 떡꼬치 하나만 사 주라.

벼룩의 간을 내먹는다더니. 나도 2천 원 가지고 2주 살아야 하거든.

아잉, 좀 사 주라.

우리 용돈 많이 받는 다해한테 사 달라고 할까?

오~ 좋은 생각인데!

다해는 이번 달 용돈 많이 남았을 거야. 큭큭.

넌 피를 주고, 난 간을 줄게. 어때, 공평하지?

난 간이 없지롱.

쪽쪽

같은 속담
- 모기 다리에서 피 뺀다
- 참새 앞정강이를 긁어 먹는다

나 찾아봐라! 작은 곤충 벼룩

벼룩의 몸길이는 1~3밀리미터 정도로 우리 눈에 잘 보이지도 않을 만큼 작은 곤충이지요. 벼룩은 동물의 털 사이를 오가며 피를 빨아먹고 살아요. 벼룩에게 물린 부위는 모기에게 물린 듯이 빨갛게 붓고 가려워요.

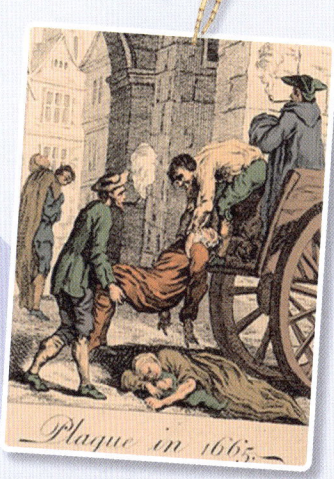

▶ 사람 피부에 붙어서 피를 빨고 있는 벼룩

뭐? 벼룩은 간이 없다고?

충격적인 사실! 실제 벼룩에는 간이 없답니다. '벼룩의 간을 내먹는다'에서 '간'은 벼룩의 작은 몸속에 들어 있는 더 작은 것을 비유하는 표현이에요.

용왕님! 토끼랑 달리 전 정말 간이 없어요!

무시무시한 페스트

14세기 유럽에서는 페스트균의 전염으로 페스트가 널리 퍼졌어요. 페스트가 심해지면 살이 썩어서 검게 변하는데, 이 때문에 '흑사병'이라고 불리게 되었지요. 이 페스트를 옮긴 주범이 바로 벼룩이랍니다. 페스트는 원래 야생 들쥐의 쥐벼룩이 옮기는 병이었는데, 사람과 사람 사이에서도 전염이 되면서 유럽 곳곳에서 수천 명이 목숨을 잃었어요.

▲ 1665년 페스트로 최대 10만 명이 사망했던 당시 런던의 모습을 그린 그림

나는야 높이뛰기, 멀리뛰기 선수!

'뛰어야 벼룩'이라는 속담은 도망쳐 보아야 크게 벗어날 수 없다는 뜻이에요. '뛰어 보았자 부처님 손바닥'이라는 표현으로도 많이 쓰이지요. 이 속담은 작은 벼룩이 아무리 뛰어도 멀리 도망치지 못한다는 말인데, 사실 벼룩은 높이뛰기, 멀리뛰기 선수예요. 신체 크기에 비해 곤충 중에서 가장 높이 뛸 수 있거든요. 위로 18센티미터, 앞으로 33센티미터나 뛸 수 있다고 해요. 벼룩의 몸길이가 1~3밀리미터 정도이니 자기 몸의 200배 이상 멀리 뛰는 것이지요.

이쯤이야! 우아!

속담 더하기

⊕ **벼룩도 낯짝이 있다**
매우 작은 벼룩조차도 낯짝이 있는데 하물며 사람이 체면이 없어서야 되겠느냐는 말.

⊕ **뛰어야 벼룩**
도망쳐 보아야 크게 벗어날 수 없다는 말.
= 뛰어 보았자 부처님 손바닥

38 병 주고 약 준다

남을 해쳐 병을 주고는 뻔뻔하게 낫게 하는 약도 준다는 말이에요.
약을 주면서 위해 주는 척하는 교활하고 음흉한 자의 행동을 비유적으로 이르는 속담이랍니다.

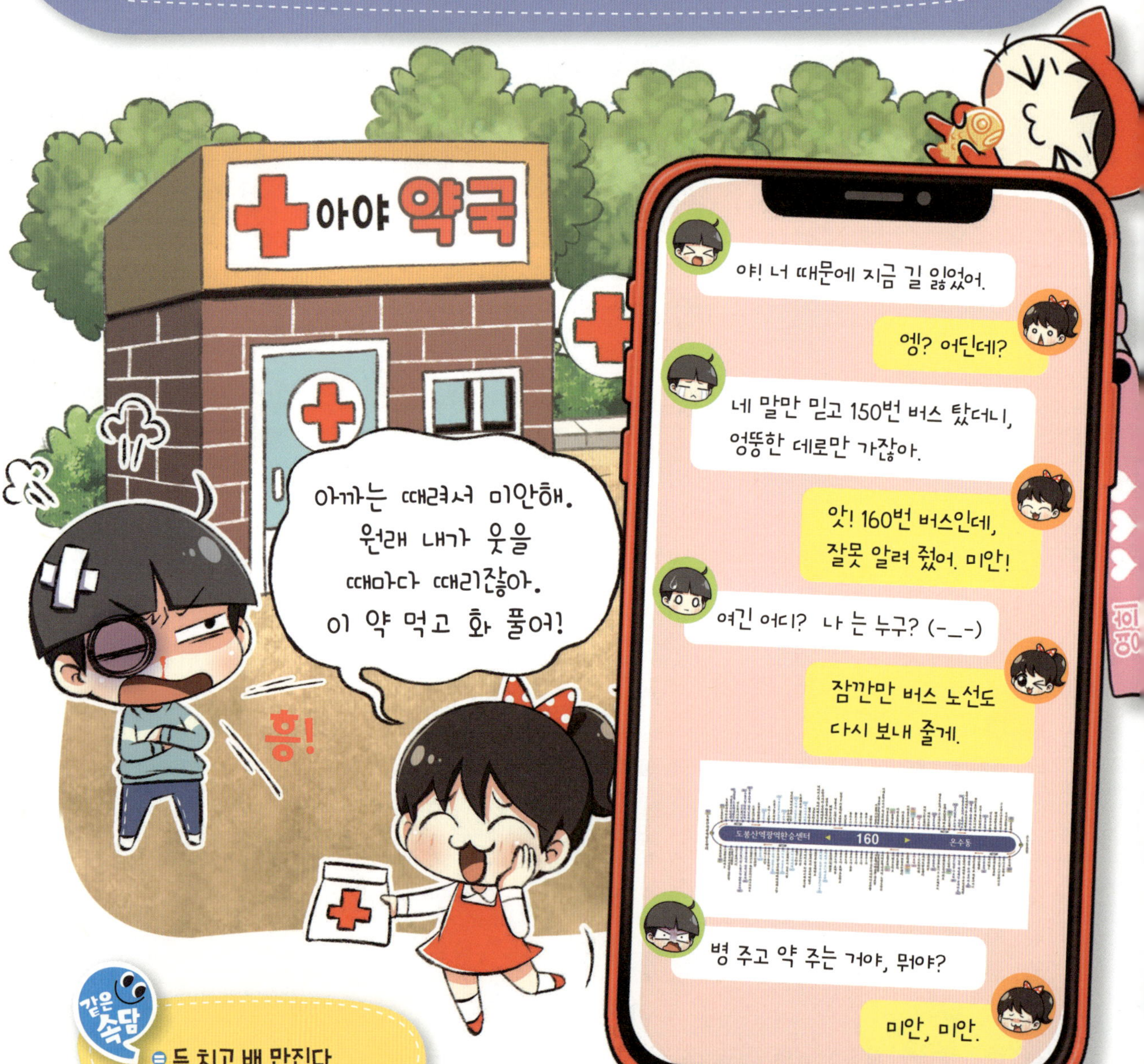

아까는 때려서 미안해.
원래 내가 웃을 때마다 때리잖아.
이 약 먹고 화 풀어!

야! 너 때문에 지금 길 잃었어.

엥? 어딘데?

네 말만 믿고 150번 버스 탔더니, 엉뚱한 데로만 가잖아.

앗! 160번 버스인데, 잘못 알려 줬어. 미안!

여긴 어디? 나 는 누구? (-_-)

잠깐만 버스 노선도 다시 보내 줄게.

병 주고 약 주는 거야, 뭐야?

미안, 미안.

● 등 치고 배 만진다

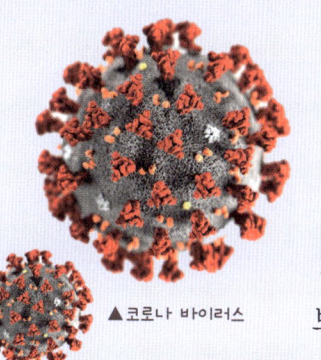
▲ 코로나 바이러스

가장 흔한 병인 감기에 걸리면?

무려 200개가 넘는 다른 종류의 바이러스가 감기를 일으켜요. 그중 30~50퍼센트가 리노바이러스, 10~15퍼센트가 코로나바이러스라고 해요. 보통 어른은 일 년에 2~4회, 어린이는 6~10회 정도 감기에 걸리지요. 감기 바이러스는 사람의 코나 목을 통해 들어와 감염을 일으키며 재채기, 코막힘, 콧물, 인후통, 기침, 미열, 두통, 근육통과 같은 증상이 나타나요. 감기 바이러스를 가지고 있는 환자의 코와 입에서 나온 분비물이 재채기나 기침을 통해 밖으로 나가 공기 중에 머물다가 건강한 사람의 입이나 코에 닿아 전파돼요.

아플 때는 약이 필요해!

병에 걸리거나 상처가 났을 때는 약을 먹거나 발라야 해요. 또 주사로 몸에 직접 약을 넣을 수도 있어요. 물약, 가루약, 알약 등 먹는 약과 패치, 스프레이, 연고 등 바르는 약은 사용하는 사람의 나이와 흡수율 등을 고려해 만들어져요. 몸을 낫게 하는 약도 부작용이 있을 수 있으니 복용 지시에 따라서 올바르게 사용해야 해요.

유네스코 세계 기록 유산, 《동의보감》

조선 시대에 의관 허준이 편찬한 의학 서적이에요. 우리나라와 중국의 의서를 모아 질병의 예방과 치료 방법, 약초의 종류와 약 만드는 방법, 침 놓는 방법 등을 정리했어요. 《동의보감》은 일반인을 위해 만들어진 세계 최초의 의학 서적이라는 점에서 높은 가치를 인정받아 2009년 유네스코 세계 기록 유산으로 지정되었어요.

▲ 《동의보감》

속담 더하기

➕ **꿀도 약이라면 쓰다**
좋은 말이라도 충고라면 듣기 싫어함을 비유적으로 이르는 말.

➕ **모르면 약이요 아는 게 병**
아무것도 모르면 차라리 마음이 편하여 좋으나, 무엇이나 좀 알고 있으면 걱정거리가 많아 도리어 해롭다는 말.
=모르는 것이 부처
=무지각이 상팔자
=아는 것이 병

➕ **의사가 제 병 못 고친다**
자기가 자신에 관한 일을 좋게 해결하기는 어려운 일이어서 남의 손을 빌려야만 이루기 쉬움을 비유적으로 이르는 말.
=중이 제 머리를 못 깎는다

➕ **입에 쓴 약이 병에는 좋다**
자기에 대한 충고나 비판이 당장은 듣기에 좋지 않지만 그것을 달게 받아들이면 자기 수양에 이로움을 이르는 말.
=입에 쓴 약이 병을 고친다

39 비 온 뒤에 땅이 굳어진다

비에 젖어 질척거리던 흙도 마르면서 단단하게 굳어진다는 뜻이에요.
사람도 어떤 시련을 겪은 뒤에 더 강해진다는 의미를 담은 속담이랍니다.

영희야, 우리 집 이제 망했어.

왜? 무슨 일인데?

아빠가 친구한테 사기를 당해서 돈을 다 날렸대.

뭐? 정말?

그래서 다음 달에 작은 집으로 이사 가야 된대.

전학까지 가는 건 아니지?

응. 같은 동네니까 전학은 안 가.

비 온 뒤에 땅이 굳어진다잖아. 힘내!

으아앙! 이런 비 싫어! 이사도 싫고!

이사 가도 내가 맨날 놀러 갈게.

너밖에 없다. ㅠㅠ

비 온 뒤에 땅이 굳는다고 했어. 우리 관찰해 보자.

어우야~

비 온 뒤에 정말 땅이 굳을까?

비가 내리면 땅속으로 빗물이 스며들어요. 그리고 비가 그치면 흙 입자 사이에 있던 물이 주위의 흙 입자를 끌어당겨 땅을 단단하게 만들지요. 이러한 물의 성질을 '물의 점성'이라고 하는데, 물의 점성이 땅을 굳게 한답니다.

세계 최초의 우량계, 측우기

우량계는 비가 내린 양을 재는 기구예요. 측우기는 비가 내린 기간 동안 괸 빗물의 깊이를 재 강우량을 측정하지요. 1441년(세종 23년)에 만들어진 측우기는 세계 최초의 우량계 예요. 이탈리아에서는 1639년, 프랑스에서는 1658년, 영국에서는 1677년에 우량계를 사용했으니까요. 우리나라의 측우기가 이탈리아보다 약 200년이나 빠른 것이지요.

주척 측우기에 고인 빗물을 측정하는 눈금자

측우기 빗물을 받는 원기둥 모양의 그릇으로 상·중·하단으로 끼워 맞출 수 있도록 제작

측우대 측우기를 받치는 역할을 하며 빗물이 튀어 측우기 안으로 들어가는 것을 방지

비 온 뒤 인왕산의 풍경

조선 후기의 화가 겸재 정선(1676~1759)이 그린 인왕산의 진경산수화예요. '진경산수화'는 우리나라의 산천을 소재로 그린 산수화를 말해요. '인왕'은 서울 서쪽에 있는 인왕산을 일컫는 것이고, '제색'은 비가 온 후 막 갠 풍광을 말해요. 〈인왕제색도〉는 이름 그대로 한여름 소나기가 스치고 지나간 인왕산의 봉우리를 그린 그림으로, 국보 제216호랍니다.

▲ 정선, 〈인왕제색도〉, 1751년, 리움 미술관

속담 더하기

➕ **비 오는 날 장독 열기**
당치 않은 행동을 함을 비유적으로 이르는 말.

➕ **하늘로 올라갔나 땅으로 들어갔나**
별안간 아무도 모르게 사라져 버림을 비유적으로 이르는 말.

빈 수레가 요란하다

짐을 싣지 않은 빈 수레가 덜컹덜컹 시끄럽다는 말이에요.
실속 없는 사람이 겉으로 더 떠들어 댐을 뜻하는 속담이랍니다.

덜거덩 덜거덩
우유 다 팔았슈~
덜거덩
악! 내 귀!!

- 학교 강당에서 프리마켓 열린대. 가 보자.
- 벌써 갔다 왔어.
- 치사하게 혼자 가냐? 뭐 샀어?
- 하나도 안 샀어.
- 왜?
- 살 게 없더라고.
- 지나갈 때 보니까 사람 엄청 많던데.
- 빈 수레가 요란했던 거야.
- 억! 속 빈 강정이었구나.

같은 속담
= 속이 빈 깡통이 소리만 요란하다

▲ 소달구지

유용한 수레

수레는 사람이나 짐을 옮기기 위해서 바퀴를 달아서 만든 운송 기구예요. 적은 힘으로 많은 양의 무거운 짐을 옮기는 데 유용하지요. 소달구지(소가 끄는 짐수레), 마차(말이 끄는 수레), 인력거(사람이 끄는 수레) 등이 있어요.

빈 수레가 요란한 소리를 내는 이유

빈 수레가 짐을 실은 수레보다 더 요란한 소리를 내는 이유는 두 가지가 있어요.

첫 번째, 관성 때문이에요. 관성은 물체가 자신의 운동 상태를 유지하려고 하는 성질이에요. 짐을 실은 수레는 무거워 정지해 있으려는 성질 때문에 움직이는 진동의 폭이 작고, 진동의 폭이 작은 만큼 소리도 작게 들리는 거예요.

진동의 폭이 크면 큰 소리 / 진동의 폭이 작으면 작은 소리

두 번째, 공명통 때문이에요. 공명통은 현악기나 타악기의 비어 있는 공간을 말하는데, 공명통이 클수록 소리가 더 크고 웅장하게 나요. 짐을 실은 수레보다 빈 수레의 공간이 훨씬 많은 만큼 빈 공간이 공명통의 역할을 해 더 큰 소리가 나는 거예요.

옛날의 교통수단

사람이 이동하거나 물건을 옮기기 위해 옛날에는 어떤 방법을 썼을까요?

- **사람을 이동시킨 교통수단**

  말과 당나귀를 타고 먼 거리를 이동하거나, 집 모양처럼 만들어진 가마와 인력거꾼이 끄는 인력거를 타고 이동했어요.

- **물건을 운반하던 교통수단**

  수레를 이용해 무거운 물건을 옮겼어요.

- **물에서 이용한 교통수단**

  강물의 흐름을 이용한 뗏목과 바람의 힘을 이용한 돛단배로 이동했어요.

▲ 가마

속담 더하기

✚ **속 빈 강정**
겉만 그럴듯하고 실속이 없음을 비유적으로 이르는 말.

✚ **수레 위에서 이를 간다**
떠나가는 수레에 실려서 원망하며 이를 간다는 뜻으로, 이미 때가 지난 뒤에 원망을 하고 있음을 비유적으로 이르는 말.

41 사공이 많으면 배가 산으로 간다

배를 부리는 사공들이 저마다 제 주장대로 배를 몰려고 하면 결국에는 배가 물로 못 가고 산으로 올라간다는 말이에요. 여러 사람이 자기주장만 내세우면 일이 제대로 되기 어려움을 뜻하는 속담이랍니다.

말풍선: 이렇게 저어야 된다냥! / 아니라니깐! / 으라챠 / 악! 오지 마!

채팅:
- 너희 조는 체험 학습 어디로 갈지 정했어?
- 아직. 의견이 안 모아졌어.
- 내일 가야 하잖아.
- 누구는 박물관으로 가자, 누구는 동물원으로 가자, 누구는 식물원으로 가자. 어휴!
- 사공이 많으면 배가 산으로 가는 법이야.
- 벌써 산꼭대기까지 올라온 기분이야.
- 우리 조랑 같이 갈래?
- 어디 가는데?
- 곤충 학습관.
- 으악! 벌레 제일 싫어!!!

영어 표현
* Too many cooks spoil the broth.
요리사가 너무 많으면 스프를 망친다.

사공

사공은 배를 부리는 일을 직업으로 하는 사람이에요. 돛을 다루는 사공, 닻을 다루는 사공, 키를 잡는 사공 등은 모두 사공의 우두머리인 '도사공'의 지시에 따라 움직여요.

▲ 김홍도, 〈나룻배〉, 18세기, 국립 중앙 박물관

사람이 가득 탄 나룻배

위 그림을 보세요. 두 척의 배에 여러 신분 계층의 사람들이 가득 타고 어디론가 향하고 있어요. 갓을 쓴 선비, 옷을 머리에 인 아낙, 곰방대를 피우는 남자는 물론, 두 마리 소와 수북한 땔감용 나무까지. 사람들과 가득 실은 짐 등을 볼 때 시장에 가는 모양이에요. 두 배 모두 오른쪽 맨 끝에 있는 사람 둘이 열심히 노를 젓고 있어요. 배 뒷부분인 고물에서 노를 젓는 이 두 사람이 바로 사공이에요. 이 그림은 김홍도가 그린 보물 제527호《단원풍속도첩》에 들어 있는 〈나룻배〉 그림이랍니다.

둥둥 물에 뜨는 배

거대하고 무거운 배가 물에 뜨는 이유는 '부력' 때문이에요. 부력이란 물속에 어떤 물체가 있을 때 위쪽으로 뜨는 힘을 말해요. 모든 물체는 물속에 들어가면 물로부터 힘을 받게 되어 가벼워지는데, 이 힘이 바로 부력이지요. 물체의 힘이 부력보다 크면 가라앉게 되고, 물체의 힘이 부력보다 작으면 뜨게 돼요. 배 안에는 빈 공간이 많아서 배 전체의 무게보다 물속에 들어가 있는 부분의 부피가 받는 부력이 더 크기 때문에 물에 뜨는 것이랍니다.

물에 뜬 물체는 잠긴 부분의 부피와 같은 물을 밀어내고 밀려난 물 무게와 같은 부력을 받음

흘수선: 배가 물 위에 떠 있을 때 배와 수면이 접하는, 경계가 되는 선

배의 무게는 부력과 같고 부력은 배가 밀어낸 물 무게와 같으므로 배가 잠긴 부피를 알면 배의 무게를 알 수 있음

속담 더하기

+ **물이 가야 배가 오지**
물에서 가는 돛배인 만큼 물이 있어야 갈 수 있다는 뜻으로, 기회나 경우가 맞아야 일을 제대로 이룰 수 있음을 비유적으로 이르는 말.
= 바람이 불어야 배가 가지

+ **뱃사공의 닻줄 감듯**
내렸던 닻을 올리느라고 뱃사공이 부지런히 닻줄을 감듯이 무엇인가를 휘휘 잘 감는 모양을 비유적으로 이르는 말.

42 서당 개 삼 년에 풍월 읊는다

서당에서 삼 년 동안 살면서 매일 글 읽는 소리를 듣다 보면 개조차도 글 읽는 소리를 내게 된다는 말이에요. 어떤 분야에 대하여 지식과 경험이 전혀 없는 사람이라도 그 부문에 오래 있으면 얼마간의 지식과 경험을 갖게 된다는 것을 뜻하는 속담이랍니다.

나 이번에 BTT 팬 미팅 간다.

태곤이 생일이라고?

오오. 너 어떻게 알아?

태곤이 생일은 1월 2일, 민우 생일은 6월 18일, 다니엘 생일은 12월 23일.

서당 개 삼 년에 풍월을 읊는다더니 제법인데.

헤헤. V^^V

그럼 내 생일은 언제야?

음... 글쎄.

거기서 딱 기다려!

저게 뭐야?

風月

같은 속담
- 당구 삼 년에 폐풍월
- 독서당 개가 맹자 왈 한다

▲ 김홍도, 〈서당〉, 18세기, 국립 중앙 박물관

석봉 한호가 쓴 《천자문》▶

아이들을 가르치는 서당

조선 시대에는 마을마다 일곱 살에서 열다섯 살 사이의 아이들을 가르치는 '서당'이 있었어요. 아이들은 선생님인 훈장님에게 《천자문》으로 한자의 음과 뜻을 배우고, 《동몽선습》, 《명심보감》, 《격몽요결》 등으로 역사와 예절을 익혔어요.

에헴, 이놈!

왼쪽 그림은 조선 후기의 화가 김홍도가 그린 〈서당〉이에요. 훈장님 앞에서 훌쩍이고 있는 아이의 모습과 그 모습을 지켜보며 웃고 있는 다른 아이들의 모습을 재미있게 표현했어요.

왜 삼 년일까?

우리나라에서는 숫자 3을 '완전한 수'로 여겨요. 모든 일은 '삼세 번', '만세 삼창'이라고 해서 만세도 세 번 외치지요. 이 속담에서의 '삼 년'은 '아주 긴 세월이나 시간'을 뜻해요. 이런 의미로 '삼 년'이 들어간 속담도 꽤 많아요.

- **개 꼬리 삼 년 묵어도 황모 되지 않는다**
  본바탕이 안 좋은 것은 어떻게 해도 그 본질이 좋아지지 않음을 비유적으로 이르는 말이에요.
- **삼 년 구병에 불효 난다**
  병으로 여러 해 누워 앓는 어버이를 간호하다 보면 불효하는 경우가 생기게 된다는 뜻으로, 무슨 일이나 오랜 시일이 걸리거나 자꾸 되풀이되면 한결같이 정성을 다할 수는 없다는 말이지요.

읊는 게 '풍월'인 이유

'풍월'은 세 가지 뜻이 있어요. 첫 번째는 '맑은 바람과 밝은 달'이라는 뜻이고, 두 번째는 '맑은 바람과 밝은 달을 대상으로 시를 짓고 흥취를 자아내어 즐겁게 놂'이라는 뜻이며, 세 번째는 '얻어들은 짧은 지식'이라는 뜻이에요. 서당에서 오래 지낸 개가 풍월을 읊는다는 것은 서당에서 배우는 시 한 수를 읊는다는 의미가 될 수도 있고, 얻어들은 짧은 지식을 읊게 된다는 의미가 될 수도 있지요.

고양이는 안 되냥.

속담 더하기

➕ **들은 풍월 얻은 문자**
정식으로 배워서 얻은 지식이 아니라 귓결에 듣고서 문자 쓰는 사람을 비웃는 말.

43 소 잃고 외양간 고친다

소를 도둑맞은 다음에야 빈 외양간의 허물어진 데를 고치느라 수선을 떤다는 말이에요. 이미 잘못된 뒤에는 손을 써도 아무런 소용이 없다는 뜻의 속담이랍니다.

치과는 잘 갔다 왔어?

엉엉, 이가 썩어서 네 개나 치료해야 한대.

왕 아픔!

그러게 양치질 안 할 때 알아봤다.

이제 양치질 매일 할 거야.

소 잃고 외양간 고치는 격이네.

지금이라도 한다는 게 어디야.

그래 -_- 잘났다.

이미 늦었소.

같은 속담
- 도둑맞고 사립 고친다
- 말 잃고 외양간 고친다

한자 표현
- 亡羊補牢(망양보뢰) 양을 잃고 우리를 고친다
  亡 망할 망 / 羊 양 양 / 補 기울 보 / 牢 우리 뢰(뇌)

소는 소중한 재산

옛날에는 소가 아주 귀중한 재산이었어요. 농사를 지어 식량을 얻던 시절에는 소가 밭을 갈아 주기도 하고 무거운 짐이나 사람을 싣고 멀리까지 데려다주기도 했지요. 그런데 그런 소가 외양간에서 사라졌다면 어떨까요? 아마 주인은 무척이나 후회하겠지요. 부서진 외양간을 고쳐 봤자 이미 소용없는 일이고요. 미리미리 준비해서 후회하지 말라는 것이 이 속담의 진정한 의미랍니다.

소들의 집, 외양간

외양간은 말이나 소를 기르는 곳이에요. 흙바닥에 짚을 깔아 보온성을 높이고, 배설물을 쉽게 걷을 수 있게 해요. 외양간 안에는 먹이를 담는 그릇인 '구유'도 있어요. 통나무의 속을 파내거나 큰 돌을 움푹하게 파내어 만든 구유에 여물을 넣어 주지요.

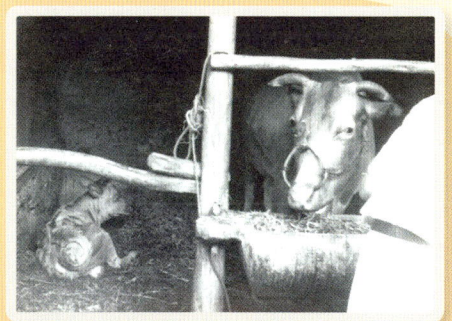
▲외양간의 소

네덜란드 속담

네덜란드의 풍속화가 피터르 브뤼헐이 그린 〈네덜란드 속담〉이라는 그림과 그림의 일부분이에요. 그림을 보면 소가 웅덩이에 빠져 죽었어요. 그런데 죽은 소의 주인은 삽으로 흙을 퍼서 웅덩이를 메우고 있지요. 이미 소는 웅덩이에 빠져 죽었는데, 소가 죽고 나서야 웅덩이를 메운다는 속담으로 '소 잃고 외양간 고친다'라는 우리나라 속담과 같은 뜻을 가진 그림이랍니다.

피터르 브뤼헐, 〈네덜란드 속담〉, 1559년, 베를린 국립 회화관 ▶

속담 더하기
+ 소 가는 데 말도 간다
남이 할 수 있는 일이면 나도 할 수 있다는 말.
=말 갈 데 소 간다

44 손바닥으로 하늘 가리기

작은 손바닥으로 넓은 하늘을 가린다는 말이에요.
불리한 상황에 대하여 임기응변식으로 대처함을 뜻하는 속담이랍니다.

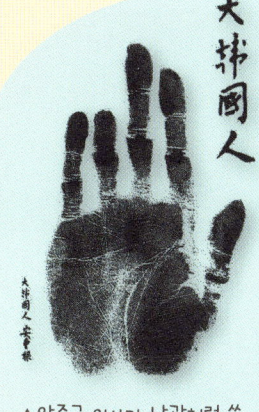
▲ 안중근 의사가 낙관처럼 쓴 손바닥 도장

손바닥의 의미

'손바닥'은 '손의 안쪽, 곧 손금이 새겨진 쪽'을 일컫는 말이에요. 이 속담에서는 크기가 작은 것을 의미하는 상징으로 '손바닥'이 쓰였는데, 손바닥 장(掌) 자를 쓴 '장편 소설'은 200자 원고지 15장 정도의 짧은 분량의 소설로, 이 속담과 같은 의미로 쓰였어요.

이 밖에도 손바닥은 우리말에서 여러 가지 의미로 쓰여요. 관용어 '손바닥을 뒤집듯'에서는 '태도'를 뜻하고, 관용어 '손바닥을 맞추다'에서는 '뜻'을 의미해요.

짝짝짝!

'손뼉'은 손바닥과 손가락을 합친 전체 바닥을 말해요. 손뼉을 쳐서 소리가 나게 하려면 두 손뼉이 마주쳐야 해요. '두 손뼉이 맞아야 소리가 난다'는 속담은 무슨 일이든지 두 편에서 서로 뜻이 맞아야 이루어질 수 있다는 뜻과 서로 똑같기 때문에 말다툼이나 싸움이 된다는 두 가지 뜻이 있답니다.

손바닥으로 하늘은 못 가려도 태양을 가릴 수는 있지

사람의 손바닥과 태양의 크기를 비교하면 그 차이는 어마어마해요. 태양의 지름이 약 139만 킬로미터(지구 지름의 109배)이고, 손바닥의 크기는 15센티미터 안팎이니 손바닥으로 태양을 가리는 건 말도 안 되는 일이에요. 하지만 우리는 쉽게 손바닥으로 태양을 가릴 수 있어요. 그 이유는 태양이 아무리 크다고 해도 지구에서 엄청나게 멀리 떨어져 있기 때문이에요. 우리 눈에는 태양이 아주 작은 공만 하게 보여 손바닥으로 충분히 가릴 수 있는 거예요.

속담 더하기

◆ 손가락으로 하늘 찌르기
끝없이 높은 하늘을 손가락으로 찌르려 한다는 뜻으로, 가능성이 전혀 없는 짓을 함을 이르는 말.
=장대로 하늘 재기

◆ 손바닥을 뒤집는 것처럼 쉽다
매우 손쉽게 할 수 있음을 비유적으로 이르는 말.
=쉽기가 손바닥 뒤집기다

◆ 하늘 보고 손가락질한다
1. 상대가 되지도 않는 보잘것없는 사람이 건드려도 꿈쩍도 아니 할 대상에게 무모하게 시비를 걸며 욕함을 비유적으로 이르는 말.
=하늘에 돌 던지는 격
=하늘에 막대 겨루기
2. 어떤 일을 이루려고 노력을 하나 그럴 만한 능력이 없으므로 공연한 짓을 함을 비유적으로 이르는 말.

45 수박 겉 핥기

맛있는 수박의 속을 먹는다는 것이 딱딱한 겉만 핥고 있다는 뜻이에요.
사물의 속 내용은 모르고 겉만 건드리는 일을 비유적으로 이르는 속담이랍니다.

국어 요점 정리 노트 있지?

응.

나 좀 빌려주라.

빌려준다고 할 땐 싫다더니.

이번에 국어 시험 80점 이상 받아야 해.

지난번처럼 수박 겉 핥기 식으로 하면 또 50점일걸.

이번엔 제대로 볼 거야.

각오가 대단한데!

엄마가 시험 잘 보면 무선 자동차 사 주신대. 크크.

그럼 그렇지.

이 수박 별로 안 다네.

단데?

같은 속담
= 꿀단지 겉 핥기

시원해! 달콤해!

여름에 많이 먹는 수박은 무더위에 지친 몸에 수분을 공급해 주고, 체온을 내려 주는 역할을 해요. 시원하고 달콤한 수박을 잘라 그냥 먹기도 하지만 화채나 주스를 만들어 먹기도 하지요.

계절별 제철 과일

요즘은 겨울에도 비닐하우스나 온실에서 과일을 키워 계절에 상관없이 대부분의 과일을 구할 수 있지만, 원래 열매가 익어서 먹을 수 있는 제철 과일이 가장 맛나요.

- **봄**: 딸기, 매실
- **여름**: 포도, 수박
- **가을**: 사과, 배
- **겨울**: 귤, 한라봉

수박은 과일이 아니야

▲파인애플(위), 수박(아래)   ▲바나나나무에 열린 익기 전의 바나나

과일은 '나무 따위를 가꾸어 얻는, 사람이 먹을 수 있는 열매'예요. 채소는 '주로 잎이나 줄기, 열매 따위를 먹는, 밭에서 기르는 농작물'이지요. 과일과 채소를 쉽게 구분하자면 나무에서 열리는 건 '과일', 땅에서 열리는 건 '채소'예요. 나무에서 열리는 사과, 배, 감, 바나나는 과일이고, 땅에서 열리는 수박, 딸기, 파인애플은 채소인 셈이에요. 뜻밖에 수박 말고도 과일인 줄 알았던 채소가 꽤 많지요?

신사임당의 수박 그림

아래 그림은 조선 중기의 화가 신사임당의 작품이에요. 신사임당은 학자이자 정치가인 율곡 이이의 어머니로도 유명하지요. 커다란 수박을 파먹고 있는 들쥐, 그 위를 날아다니는 나비가 산뜻하면서도 따뜻한 색채로 섬세하게 표현되어 있어요. 수박을 그린 신사임당의 또 다른 그림으로는 〈수박과 여치〉가 있어요.

▲신사임당, 〈초충도:수박과 나비, 쥐〉, 16세기, 국립 중앙 박물관

속담 더하기

● **되는 집에는 가지 나무에 수박이 열린다**
잘되어 가는 집은 하는 일마다 좋은 결과를 맺음을 비유적으로 이르는 말.

● **수박은 속을 봐야 알고 사람은 지내봐야 안다**
수박은 쪼개서 속을 보아야 잘 익었는지 설익었는지 알 수 있고 사람은 함께 지내보아야 속마음이 어떠한지 알 수 있다는 말.

46 숭어가 뛰니까 망둥이도 뛴다

숭어가 물 밖으로 높이 뛰니까 망둥이도 따라 뛰어 보려 한다는 말이에요.
남이 한다고 하니까 분별없이 덩달아 나섬을 비유적으로 이르는 속담이에요.

"숭어야, 같이 가자."

[채팅]
- 영희야, 인라인스케이트 타러 가자.
- 더 잘 거야.
- 지금? 해가 중천에 떴는데?
- 미인은 잠꾸러기라잖아.
- 누가? 네가?
- 사실은 독서왕 세종 대왕처럼 밤새도록 책 읽었더니 너무 졸려.
- 미인이 아니라 망둥이였네.
- 뭐?
- 숭어가 뛰니까 망둥이도 뛴다고. 잠도 많은 애가 무리했네.
- 첫! 나 잔다.

같은 속담
- 망둥이가 뛰니까 전라도 빗자루도 뛴다
- 망둥이가 뛰면 꼴뚜기도 뛴다
- 잉어 숭어가 오니 물고기라고 송사리도 온다
- 잉어가 뛰니까 망둥이도 뛴다

뛰어올라! 점프!

힘이 좋은 숭어는 빠르게 헤엄을 치다가 꼬리지느러미로 수면을 탁 쳐서 1미터 정도까지 뛰어오르는 습성이 있어요. 숭어가 뛰어오르는 이유는 몸에 붙어 있는 기생충을 떼어 내기 위해서라고 해요. 점프를 하고 나서 수면에 떨어질 때 기생충이 떨어지는 것이지요. 반면 망둥이도 가슴지느러미로 갯벌을 펄쩍펄쩍 뛰어다녀요. 작은 갑각류나 곤충을 잡아먹기 위해서지요. 숭어와 망둥이 모두 바다와 만나는 강 하구에 서식해요. 망둥이가 점프하는 모습이 꼭 숭어를 따라 하는 것 같다고 해서 이 속담이 생겨났답니다.

숭어와 망둥이, 전격 비교!

숭어		망둥이(망둑어)
바다, 강 하구	사는 곳	바다, 강 하구(갯벌)
작은 어류, 플랑크톤	먹이	게, 갯지렁이
약 100센티미터	몸길이	약 25센티미터
길고 둥근 몸에 머리는 납작한 편	생김새	머리는 둥글고 꼬리로 갈수록 좁아짐

강어귀에 사는 기수어

바닷물과 강물이 만나는 강어귀는 바다와 강을 오가며 생활하고 새끼를 낳는 어류가 많이 살아요. 이렇게 염분이 적은 강어귀에 사는 물고기를 '기수어'라고 해요. 숭어, 망둥이를 비롯해 뱀장어, 뱅어, 빙어 등이 기수어에 속하지요.

이름이 몇 개니?

숭어는 100개가 넘는 이름을 가지고 있어요. 숭어, 눈부럽떼기, 모치, 동어, 글거지, 애정이, 무근정어, 무근사슬, 미패, 미렁이, 덜미, 나무래미, 걸치기, 모쟁이, 수어 등으로 불리지요. 그리고 망둥이도 망둥어, 망둑어, 망동어, 망어, 운저리, 꼬시락, 꼬시래기, 문절이 등의 수많은 이름이 있어요. 이렇게 숭어와 망둥이의 이름이 많은 이유는 우리나라 해안에서 많이 잡히는 물고기이기 때문이에요.

속담 더하기

+ **장마다 망둥이 날까**
자기에게 좋은 기회만 늘 있는 것은 아니라는 말.

+ **망둥이 제 새끼 잡아먹듯**
같은 종끼리 잡아먹는 망둥이의 습성에서 나온 속담으로, 동류나 친척끼리의 싸움을 비유적으로 이르는 말.
=망둥이 제 동무 잡아먹는다
=갈치가 갈치 꼬리 문다

47 쏘아 놓은 살이요 엎지른 물이다

쏜 화살과 엎지른 물은 되돌릴 수 없다는 말이에요.
한번 저지른 일을 다시 고치거나 중지할 수 없음을 뜻하는 속담이랍니다.

> 영희야, 어떻게 하지?
> 내 동생이 아끼는 팽이를 부러뜨렸어.

> 어쩌다가?

> 주호가 우리 집에 놀러 왔는데,
> 그 팽이로 놀다가….

> 으이그, 그러게 왜
> 동생 장난감을 갖고 놀아.

> 팽이를 풀로 붙일까?

> 그게 풀로 붙겠니?
> 이미 엎지른 물이야. 소용없어!

> 어떻게 하면 원래대로 돌아올까?

> 쏘아 놓은 화살은 되돌아오지 않는 법.
> 그냥 사실대로 얘기해 봐.

> 흑! 망했다!

어떡해!

같은 속담
= 쏟아진 물

슈웅, 날아가라!

활은 활대를 잡고, 활시위에 화살을 메워서 당겼다가 놓으면 그 반동으로 멀리 날아가도록 만들어졌어요. 주로 사냥을 하는 데 쓰였지요. 화살을 이용해 겨루는 놀이로는 '양궁'과 '투호' 등이 있어요.

1983년 6월 ▶
서독 몬헨글라트바흐 양궁 대회

고구려인의 용맹한 기상 뿜뿜!

고구려 때의 무덤인 무용총에서 말을 타고 활을 쏘며 사냥을 하는 모습이 담긴 〈수렵도〉가 발견되었어요. 이 벽화를 통해 고구려인의 용맹함과 씩씩한 기상을 엿볼 수 있답니다.

▲ 무용총의 〈수렵도〉

◀ 피터르 브뤼헐, 〈네덜란드 속담〉, 1559년, 베를린 국립 회화관

쏟아진 밀가루

네덜란드의 풍속화가 피터르 브뤼헐이 그린 〈네덜란드 속담〉이라는 그림과 그림의 일부분이에요. 그림을 보면 한 남자가 쏟아진 밀가루 반죽을 주워 담고 있어요. 당황한 나머지 머리를 감싸 쥐고 있는 왼손이 곤경에 처해 어쩔 줄 몰라 하는 남자의 마음을 표현해 주고 있지요. 우리 속담 '쏘아 놓은 살이요 엎지른 물이다'와 같은 뜻을 의미하는 네덜란드의 속담이 담긴 그림이랍니다.

속담 더하기

- **당겨 놓은 화살을 놓을 수 없다**
이미 만반의 준비를 갖추고 시작한 일을 도중에 그만두어서는 안 된다는 말.

- **물 먹은 배만 튕긴다**
실속은 없으면서 겉으로만 있는 체한다는 말.

101

48 약방에 감초

한약에 감초를 넣는 경우가 많아 한약방에 감초가 반드시 있다는 데서 나온 말이에요. 어떤 일에나 빠짐없이 끼어드는 사람 또는 꼭 있어야 할 물건을 비유적으로 이르는 속담이랍니다.

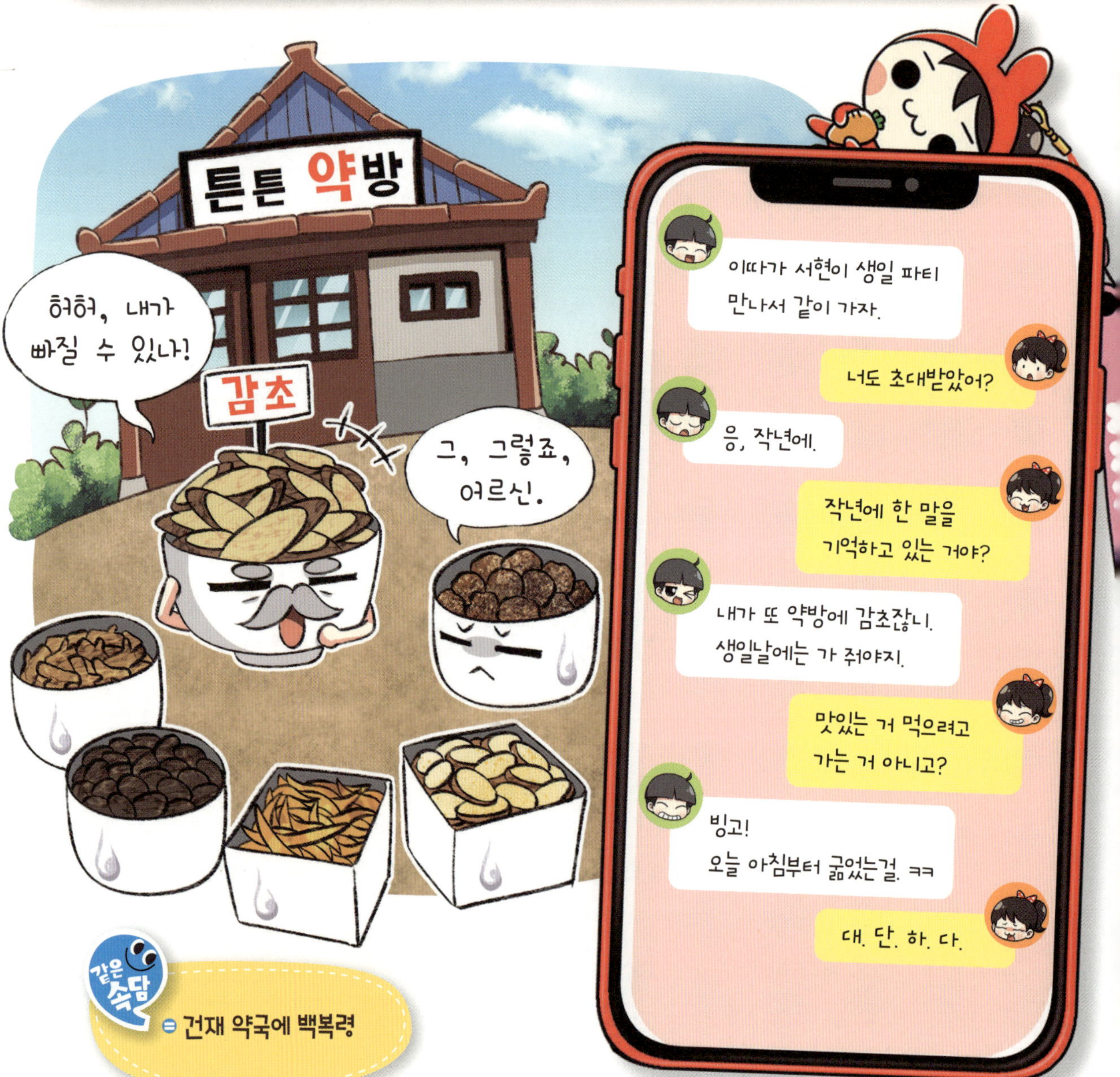

허허, 내가 빠질 수 있나!

그, 그렇죠, 어르신.

이따가 서현이 생일 파티 만나서 같이 가자.

너도 초대받았어?

응, 작년에.

작년에 한 말을 기억하고 있는 거야?

내가 또 약방에 감초잖니. 생일날에는 가 줘야지.

맛있는 거 먹으려고 가는 거 아니고?

빙고! 오늘 아침부터 굶었는걸. ㅋㅋ

대. 단. 하. 다.

같은 속담
= 건재 약국에 백복령

▲약의 재료로 쓰는 말린 감초

마당발 감초

감초는 콩과 식물로, 항염, 해독 등에 효과가 있어 약재로 많이 쓰여요. 껍질은 갈색을 띠고, 속은 노란색이에요. 가을에 뿌리를 채취한 후 햇볕에 말려 쓰지요. 특히 맛이 달고 다른 약초들을 잘 어우러지게 하는 성질이 있어 한약을 지을 때 거의 빠지지 않지요.

신토불이 향토 약재

우리나라 향토에서 생산되는 약재를 '향약'이라고 해요. 세종 대왕은 우리나라 사람의 질병을 치료하는 데에는 향약이 더 효과적일 거라고 생각했어요. 그래서 1433년(세종 15년)에 유효통, 노중례, 박윤덕 등이 왕명에 따라 여러 의서를 참고해《향약집성방》를 편찬했지요. 향약과 한방, 병의 원인과 처방, 침구법 등이 수록되어 있답니다.

《향약집성방》▶

가장 오래된 의약서

우리나라에 전해져 오는 가장 오래된 한의서는《향약구급방》이에요. 고려 고종 때 대장도감에서 간행한 이 한의서는 향약의 이름과 약의 분량이 기록되어 있어요.

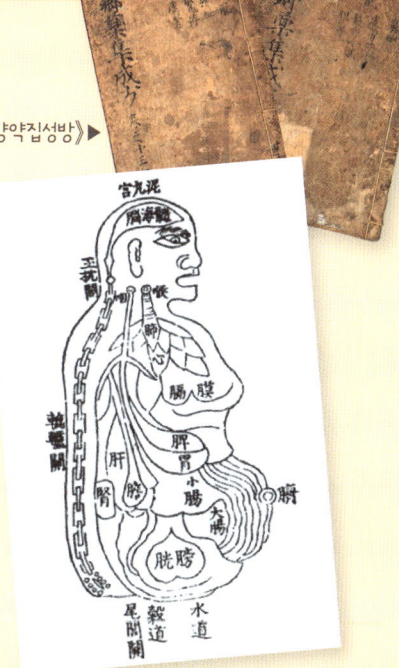
▲《동의보감》첫 장의 '신형장부도'

우리나라 고유의 의학

우리나라에서 독자적으로 발달해 내려온 전통 의학을 '한의학'이라고 해요. 한의학에서는 병을 진찰하기 위하여 청진기 대신 손목의 맥을 짚어 보고, 침을 놓거나 약초를 달여 한약으로 마시게 하여 병을 치료하지요.

한의원과 한약방

- **한의원**: 한방 의학으로 치료하는 의원이에요.
- **한약방**: 한의사의 처방이나 한의서의 지침에 따라 한약을 지어 파는 곳이에요.
- **한약재**: 한약을 지을 때 쓰는 약재를 말해요.

속담 더하기

➕ **사후 약방문**
사람이 죽은 다음에야 약을 구한다는 뜻으로, 때가 지나 일이 다 틀어진 후에야 뒤늦게 대책을 세움을 비유적으로 이르는 말.
=상여 뒤에 약방문
=성복 뒤에 약방문
=성복제 지내는데 약 공론 한다
=죽은 다음에 청심환
=죽은 뒤에 약방문

➕ **탕약에 감초 빠질까**
여기저기 아무 데나 끼어들어 빠지는 일이 없는 사람을 놀림조로 이르는 말.

49 어물전 망신은 꼴뚜기가 시킨다

어물전은 옛날의 생선 가게예요.
이 속담은 못생긴 꼴뚜기가 어물전의 다른 생선들까지 망신을 시킨다는 말로,
지지리 못난 사람일수록 같이 있는 동료를 망신시킨다는 뜻이랍니다.

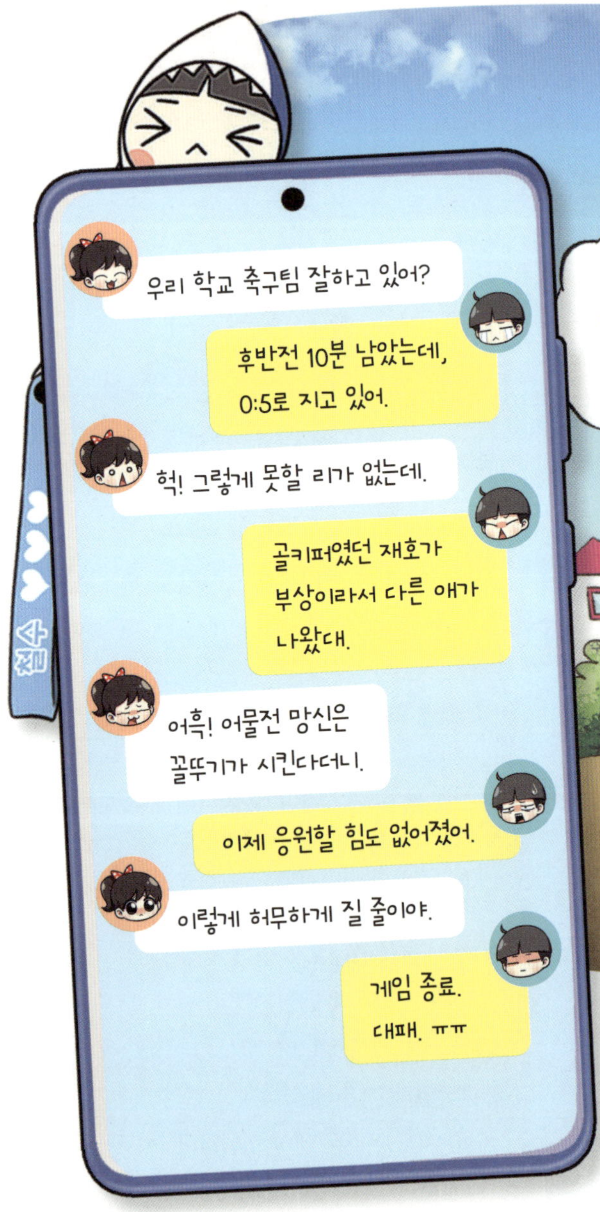

- 우리 학교 축구팀 잘하고 있어?
- 후반전 10분 남았는데, 0:5로 지고 있어.
- 헉! 그렇게 못할 리가 없는데.
- 골키퍼였던 재호가 부상이라서 다른 애가 나왔대.
- 어흑! 어물전 망신은 꼴뚜기가 시킨다더니.
- 이제 응원할 힘도 없어졌어.
- 이렇게 허무하게 질 줄이야.
- 게임 종료. 대패. ㅠㅠ

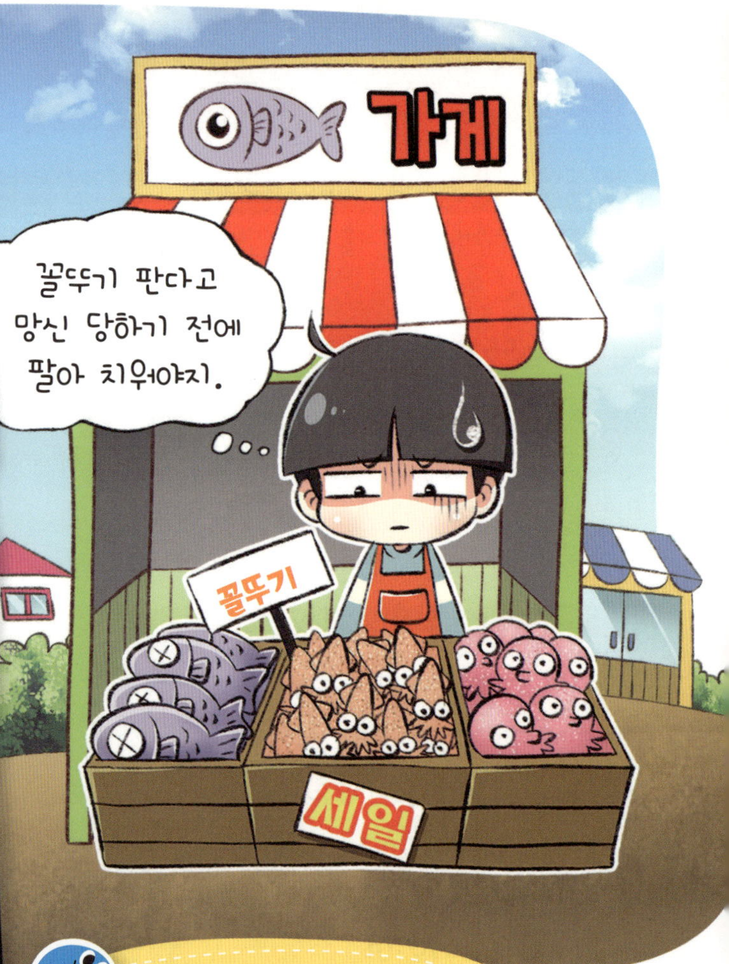

꼴뚜기 판다고 망신 당하기 전에 팔아 치워야지.

같은 속담
- 과물전 망신은 모과가 시킨다
- 과일 망신은 모과가 시킨다
- 생선 망신은 꼴뚜기가 시킨다
- 실과 망신은 모과가 시킨다

조선 시대의 시장

조선 시대의 시장은 '시전'과 '장시'로 나눌 수 있어요. 시전은 큰 도시의 시장이고, 장시는 지방의 작은 규모의 시장이에요. 시전은 관아에서 빌려준 점포에서 특정 상품을 팔 수 있었고, 이득이 많은 가게는 세금을 냈지요. 상점의 종류로는 종이를 파는 지전, 옷감을 파는 포목전, 바늘을 파는 침자전, 화장품을 파는 분전, 생선을 파는 어물전 등이 있었어요.

기세등등 육의전

시전 중에서 나라에 필요한 물품을 대어 주는 여섯 개의 주요 점포를 '육의전'이라고 했어요. 육의전에는 같은 물건을 파는 가게를 단속할 수 있는 '금난전권'이 주어졌어요. 특정 물품을 자신들만 취급할 수 있었지요. 만약 다른 곳에서 같은 물건을 파는 걸 봤다면 관청에 신고하거나 직접 나서서 판매를 못 하게 할 수 있었어요.

- 내외어물전: 수산물
- 선전(입전): 비단
- 면포전: 무명
- 면주전: 명주
- 저포전: 모시
- 지전: 종이

▶ 건어물전의 모습

귀여운 꼴뚜기라고요!

문어   낙지   주꾸미   오징어   꼴뚜기   한치   갑오징어

예부터 꼴뚜기는 오징어와 비슷하게 생겼지만 그보다 훨씬 작고, 볼품없는 생김새 때문에 보잘것없는 생선으로 여겼어요. 그래서 '어물전 망신은 꼴뚜기가 시킨다'라는 속담이 생겨났지요. 하지만 실제로 꼴뚜기의 생김새는 작고 앙증맞은 오징어에 가까워요. 오징어보다 훨씬 연하고 부드러워서 데쳐 먹거나 말린 포로 먹고, 젓갈을 담가 먹기도 해요. 크기는 작지만 단백질과 타우린이 풍부해 피로를 회복시키는 데 좋아요.

속담 더하기

+ **어물전 털어먹고 꼴뚜기 장사한다**
큰 사업에 실패하고 보잘것없는 작은 사업을 시작함을 비유적으로 이르는 말.

50 언 발에 오줌 누기

언 발을 녹이려고 오줌을 누어 봤자 녹는 듯하다가 더 꽁꽁 언다는 말이에요. 임시방편은 될지 모르나 그 효력이 오래가지 못할 뿐만 아니라 결국에는 사태가 더 나빠짐을 뜻하는 속담이랍니다.

한자 표현

○ 凍足放尿(동족방뇨) 언 발에 오줌 누기

凍 얼 **동** / 足 발 **족** / 放 놓을 **방** / 尿 오줌 **뇨요**

물이 묻어 있을 때 더 추운 이유

추운 날 그냥 밖에 나갔을 때보다 머리를 감고 나갔을 때가 훨씬 추워요. 그리고 손을 씻고 물 묻은 채로 나갔을 때가 맨손으로 나가는 것보다 훨씬 손이 시리지요. 이렇게 물이 묻어 있을 때가 더 춥게 느껴지는 이유는 기체보다 액체가 열전달을 더 빨리하기 때문이에요. 차가운 기운은 공기보다 물이 더 빨리 전달하거든요. 언 발에 오줌을 누면 잠깐 동안 따뜻하겠지만 더 차가워져 꽁꽁 어는 이유도 이와 같답니다.

오줌의 양

그날 먹은 음식의 양, 마신 물의 양, 흘린 땀의 양에 따라 오줌의 양도 달라져요. 어른은 보통 하루에 약 1.5리터의 오줌이 만들어지지요. 오줌이 마려운데 참으면 신장(콩팥)에 좋지 않아요. 오줌이 마렵다는 신호가 오면 바로 화장실에 가는 게 좋답니다.

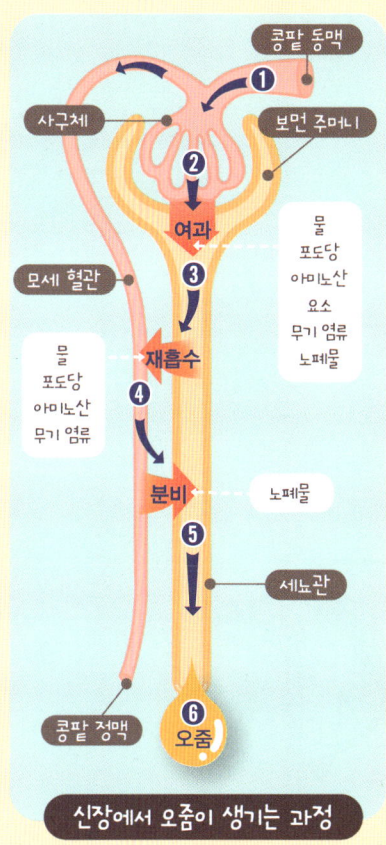

신장에서 오줌이 생기는 과정

신비한 인체

- **언제 오줌이 마렵다고 느낄까요?**
  방광에 3분의 1 정도 오줌이 모이면 오줌이 마렵다고 느껴요.

- **오줌을 누고 나서 왜 몸이 부르르 떨릴까요?**
  몸속에 있던 따뜻한 오줌이 밖으로 빠져나가면 순간 몸의 체온이 아주 조금 내려가요. 그때 체온을 올리려고 몸이 저절로 떨리게 되는 거예요.

- **오줌은 왜 노란색일까요?**
  우리가 마시는 물은 투명한데 오줌을 누면 노란색이에요. 그 이유는 오줌의 성분 중 하나인 단백질이 분해되고 합성되면서 '우로크롬'이라는 물질이 만들어지는데, 이 물질이 노란색을 띠기 때문이에요.

속담 더하기

- **발등에 오줌 싼다**
  너무 바쁜 경우를 비유적으로 이르는 말.

- **불장난에 오줌 싼다**
  불은 인정사정이 없으니 불장난을 하지 말 것을 비유적으로 이르는 말.

- **언 손 불기**
  부질없는 짓을 비유적으로 이르는 말.

- **제 발등에 오줌 누기**
  자기가 한 짓이 자기를 모욕하는 결과가 됨을 비유적으로 이르는 말.
  =내 밑 들어 남 보이기
  =제 밑 들어 남 보이기
  =제 얼굴에 똥칠한다

51 엎드려 절 받기

상대편은 절할 마음이 없는데, 내가 먼저 엎드려서 상대편에게 절을 받아 낸다는 말이에요. 상대편은 마음에 없는데 자기 스스로 요구하여 대접을 받는 경우에 쓰는 속담이랍니다.

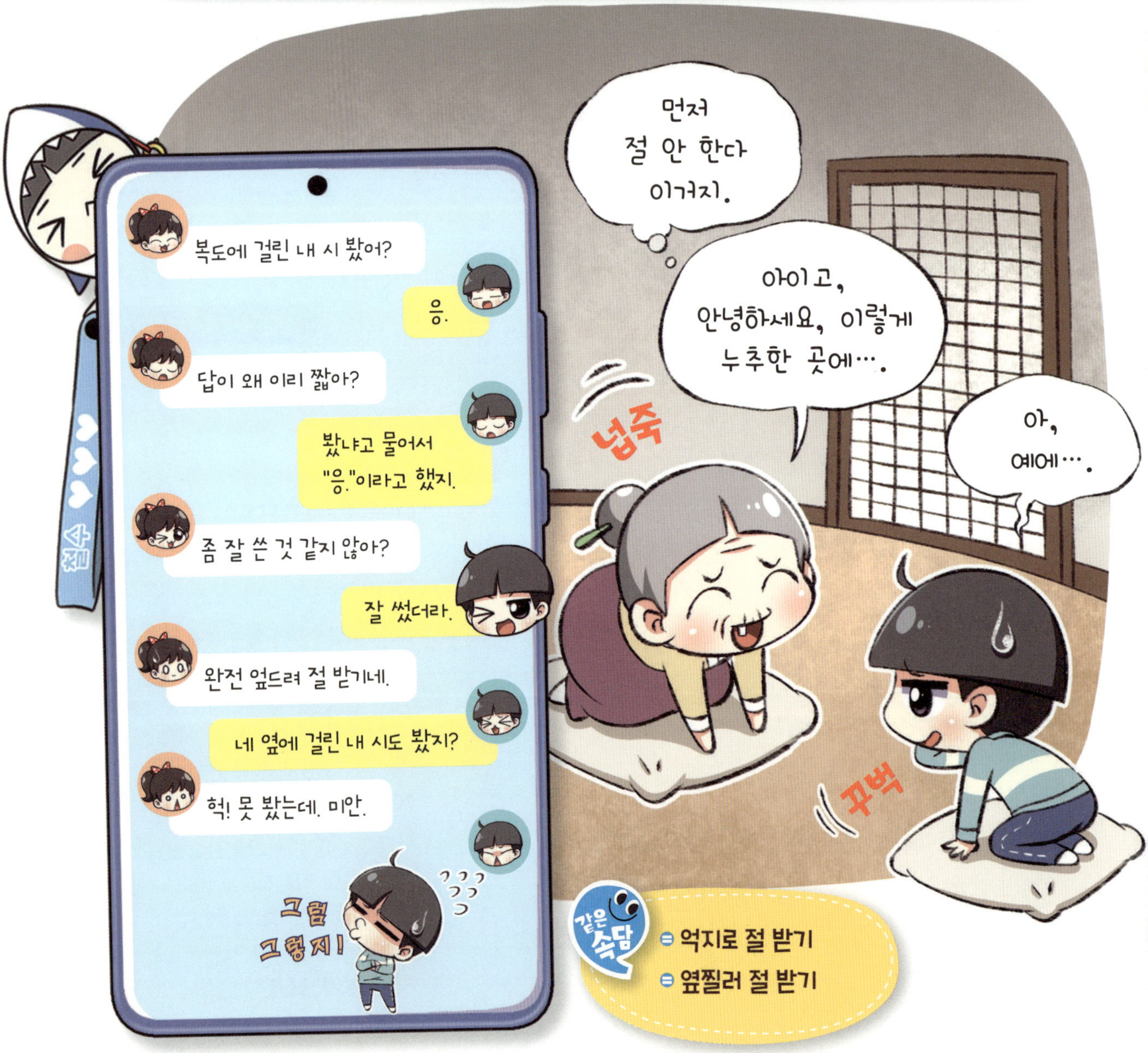

먼저 절 안 한다 이거지.

아이고, 안녕하세요, 이렇게 누추한 곳에….

넙죽

아, 예에….

꾸벅

— 복도에 걸린 내 시 봤어?
— 응.
— 답이 왜 이리 짧아?
— 봤냐고 물어서 "응."이라고 했지.
— 좀 잘 쓴 것 같지 않아?
— 잘 썼더라.
— 완전 엎드려 절 받기네.
— 네 옆에 걸린 내 시도 봤지?
— 헉! 못 봤는데. 미안.
— 그럼 그렇지!

같은 속담
= 억지로 절 받기
= 옆찔러 절 받기

공경하는 마음으로

'절'은 남에게 공경하는 뜻으로 몸을 굽혀 하는 인사를 말해요. 우리나라 전통의 인사법이지요. 예부터 관혼상제 때, 명절에, 문안 인사 등에서 예를 갖춰 절을 했지요.

▼관혼상제 중 혼례 때 절을 하는 신랑과 신부

절의 종류에는 어떤 것들이 있을까?

절의 종류에는 큰절, 평절, 반절이 있어요. 큰절은 할머니, 할아버지, 부모님 등 높은 어른에게 하는 절이에요. 큰절을 받은 어른은 답배를 하지 않아도 돼요. 평절은 받는 사람도 답배나 평절로 맞절을 해야 해요. 선생님, 웃어른, 연장자 등에게 하는 절이지요. 결혼할 때 부부간이나 세배할 때 형제간에도 서로 평절을 해요. 반절은 아랫사람의 절에 대해 웃어른이 답배할 때 하는 절이에요.

▲큰절

▲평절

- **큰절**: 남자는 허리를 굽혀 두 손을 모아 땅에 대고 머리를 숙여 이마가 손등에 닿으면 잠시 멈추고, 여자는 두 손을 이마에 마주 대고 앉아서 허리를 굽혀요.
- **평절**: 남자는 큰절과 같은 방식으로 하되 이마가 손등에 닿으면 머물지 않고 즉시 일어나고, 여자는 두 손을 몸 옆으로 내려 바닥을 짚으면서 오른쪽 무릎을 세우고 왼쪽 무릎은 꿇으며 허리를 굽혀요.
- **반절**: 완전히 바닥에 엎드리지 않고 앉은 채 윗몸을 반쯤 굽혀요.

속담 더하기

◆ **남의 집 제사에 절하기**
상관없는 남의 일에 참여하여 헛수고만 함을 비유적으로 이르는 말.

◆ **먹을 것 없는 제사에 절만 많다**
아무 소득도 없는 일에 공연히 수고만 많이 함을 비유적으로 이르는 말.
=먹지도 못하는 제사에 절만 죽도록 한다

◆ **색시가 고우면 처갓집 외양간 말뚝에도 절한다**
아내가 좋으면 아내 주위의 보잘것없는 것까지 좋게 보인다는 말.
=아내가 귀여우면 처갓집 말뚝 보고도 절한다
=아내가 귀여우면 처갓집 문설주도 귀엽다
=의가 좋으면 처갓집 말뚝에도 절한다

◆ **서낭에 가 절만 한다**
서낭신 앞에 가서 아무 목적도 없이 절만 한다는 뜻으로, 영문도 모르고 남이 하는 대로만 따라 함을 비유적으로 이르는 말.

52 열 길 물속은 알아도 한 길 사람의 속은 모른다

아주 깊은 물속의 상황은 알아도 사람의 생각과 마음은 물속 깊이의 10분의 1이라 해도 모른다는 말이에요. 사람의 속마음을 알기란 매우 힘들다는 뜻의 속담이에요.

같은 속담
- 사람 속은 천 길 물속이라
- 천 길 물속은 알아도 계집 마음속은 모른다
- 천 길 물속은 알아도 한 길 사람의 속은 모른다

길이의 단위, 길

이 속담에서의 '길'은 길이의 단위로, '한 길'은 '사람의 키 정도의 길이'예요. 그러니까 '열 길'은 '사람 열 명의 키 정도의 길이'가 되겠지요. 어른 한 사람의 키를 약 160센티미터라고 한다면 열 길인 물의 깊이는 약 1600센티미터, 즉 16미터인 셈이에요.

세계에서 가장 깊은 바다, 마리아나 해구

태평양 서부 마리아나 제도의 동쪽에 있는 해구로, 깊이가 1만 1034미터로 세계에서 가장 깊어요. 평균적인 바다의 깊이보다 두세 배는 더 깊어서 다양한 바다 생물이 살고 있으며, 희귀한 생물도 많아요.

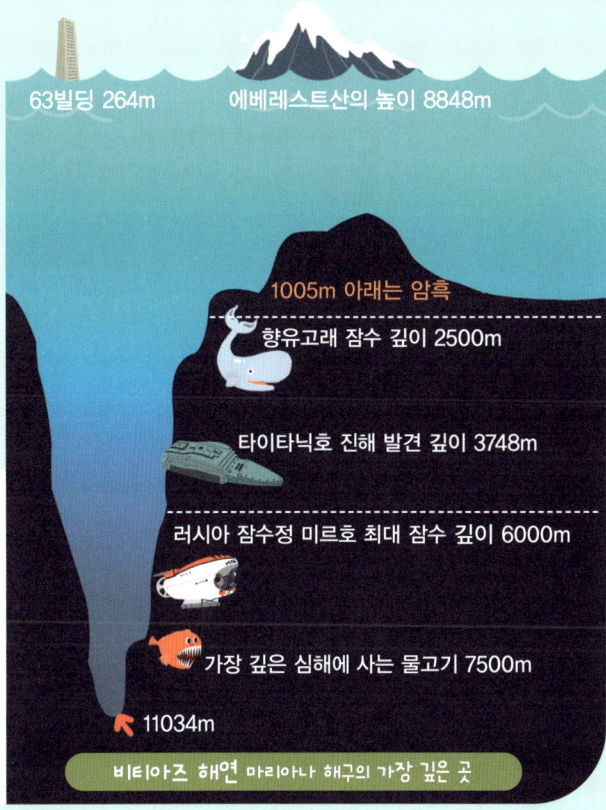

63빌딩 264m 에베레스트산의 높이 8848m

1005m 아래는 암흑
향유고래 잠수 깊이 2500m
타이타닉호 잔해 발견 깊이 3748m
러시아 잠수정 미르호 최대 잠수 깊이 6000m
가장 깊은 심해에 사는 물고기 7500m
11034m
비티아즈 해연 마리아나 해구의 가장 깊은 곳

세계에서 가장 깊은 호수, 바이칼호

러시아의 바이칼호는 세계에서 가장 깊은 호수예요. 최대 깊이가 무려 1742미터나 되지요. 또 남북으로 255킬로미터로 길게 뻗은 바이칼호는 여름을 제외하고는 대부분 얼어 있지만, 세계 유일의 민물 종인 바이칼 물범을 비롯해 2500종이 넘는 동식물이 서식하고 있어요. '바이칼'이라는 이름은 '큰 물', '풍요로운 호수'라는 뜻이며, 유네스코 세계 유산이랍니다.

▲바이칼호

세계에서 가장 긴 강

세계에서 가장 긴 강은 남아메리카에 있는 '아마존강'이에요. 총 길이가 무려 7062킬로미터나 된다고 해요. 그다음으로 긴 강은 아프리카 동북부를 흐르는 나일강이고, 세 번째로 긴 강은 미국 중앙부를 흐르는 미시시피강이에요.

▲하늘에서 찍은 아마존강의 모습

속담 더하기

✚ 큰 고기는 깊은 물속에 있다
훌륭한 인물은 많은 사람들 속에 섞여 있어 잘 드러나지 않음을 비유적으로 이르는 말.

53. 열 번 찍어 아니 넘어가는 나무 없다

제아무리 단단한 나무라도 도끼로 여러 번 노력하여 찍으면 모두 부러진다는 말이에요. 아무리 뜻이 굳은 사람이라도 여러 번 권하거나 꾀고 달래면 결국은 마음이 변한다는 뜻의 속담이랍니다.

- 나 좋아하는 애가 생겼어.
- 누군데?
- 옆 반에 소원이.
- 그그그 우리 학교에서 젤 예쁜 애?
- 응. 흐흐흐, 정말 예쁘지?
- 오르지 못할 나무는 쳐다보지도 말라고 했어.
- 열 번 찍어 아니 넘어가는 나무 없는 법이야.
- 나무꾼이냐, 네가? 소원이는 눈이 엄청 높을걸?
- 두고 봐. 나의 매력을 어필해서 꼭!

하나, 둘, 셋... 열!

도끼로 찍어 나무하기

지금과 같은 난방 시설이 없던 옛날에는 산에서 나무를 구해 와 땔감으로 사용했어요. 이렇게 땔감으로 쓸 나무를 베거나 주워 모으는 일을 '나무하다'라고 하지요.

▲ 두 사람이 마주 서서 밀었다 당겼다 하는 대톱

아주 큰 나무를 벨 때는 두 사람이 마주 서서 대톱으로 밀었다 당겼다 하고, 그보다 작은 두께의 나무는 혼자 도끼로 찍어서 베었어요. 하지만 지금은 허가 없이 함부로 나무를 베었다가는 산림법을 위반하게 되므로 절대 해서는 안 되는 일이에요.

나무의 나이를 알려 주는 '나이테'

나무의 줄기나 가지를 가로로 잘라 보면 둥근 테가 보여요. 이것을 '나이테'라고 하지요. 나이테는 1년마다 하나씩 생기기 때문에 나무의 나이를 알 수 있어요. 또 나이테의 어둡고 밝은색과 띠의 폭을 보고 나무가 자랄 당시의 기후도 추측해 볼 수 있어요.

▲ 나무의 나이테
▲ 영국 브리스톨 동물원에 있는 나무의 나이테

에헴! 내가 가장 나이 많은 나무야

우리나라에서 가장 오래된 나무는 강원도 정선 두위봉에 있는 주목이에요. 모두 세 그루가 위아래로 나란히 자라고 있는데, 가운데에 있는 나무의 나이가 약 1400년으로 추정되고 위아래의 주목은 약 1200년으로 추정되어요. 이 주목은 나무의 모양이 아름답고, 오래된 가치를 인정받아 2002년에 천연기념물 제433호로 지정되었답니다.

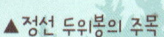
▲ 정선 두위봉의 주목

욕심은 금물!

'오르지 못할 나무는 쳐다보지도 마라'는 속담이 있어요. 올라가지 못할 나무는 아예 쳐다보지도 말라는 말이에요. 자기의 능력 밖의 불가능한 일에 대해서는 처음부터 욕심을 내지 않는 것이 좋다는 뜻의 속담이에요. 같은 속담으로 '못 오를 나무는 쳐다보지도 마라'가 있어요.

속담 더하기
나무를 보고 숲을 보지 못한다
일부분만 보고 전체는 보지 못하는, 눈앞의 부분적인 것만 보는 행동을 비유적으로 이르는 말.

54 우물 안 개구리

우물 안에 갇혀 사는 개구리는 바깥세상의 일을 알지 못하고, 자신이 최고인 줄 안다는 말이에요. 넓은 세상의 형편을 알지 못하는 사람이나 지식이 없어 저만 잘난 줄 아는 사람을 비꼴 때 쓰는 속담이지요.

이 우물에서 나보다 잘난 개구리는 없지!

> 하하하. 이제부터 암산왕이라 부르거라.
>
> 웬 암산왕?
>
> 우리 학교 암산 대회에서 내가 1등을 했다는 말씀!
>
> 근데 무슨 암산왕씩이나.
>
> 1등 하는 게 얼마나 어렵다고!
>
> 이 우물 안 개구리야, 우리나라에 암산왕이 얼마나 많은 줄 아니?
>
> 글쎄.
>
> 전 세계에도 아마 셀 수 없이 많은 암산왕이 있을걸.
>
> 끄응.

한자 표현

○ 井中之蛙(정중지와) 우물 안 개구리
井 우물 정 / 中 가운데 중 / 之 갈 지 / 蛙 개구리 와

우물

하늘에서 내린 비는 땅속의 흙과 암석 사이로 흘러 들어가 고이게 돼요. 이렇게 땅속에 고인 물을 지하수라고 하는데, 옛날에는 오늘날과 같은 수도 시설이 없어 마실 물을 얻기 위해 땅을 깊이 파서 지하수를 괴게 하는 우물을 만들었어요.

▲우물에서 물을 퍼 올리는 여인

우물 모양을 본뜬 글자

'한글'은 사람의 말소리를 그대로 기호로 나타내는 '소리글자'예요. 반면 '한자'는 그림이나 사물의 형상을 본떠 만든 글자로, 언어의 음과 상관없이 뜻으로 의미를 전달하는 '뜻글자'이지요. 우물을 뜻하는 한자 '井'은 '정'이라는 소리를 가지고 있는데, 우물의 난간 모양을 본뜬 글자예요. 이렇게 구체적인 사물의 모양을 본떠서 만든 글자를 '상형 문자'라고 해요.

▲우물 모양에서 본뜬 한자 井(우물 정) 모양 우물

두레박과 도르래

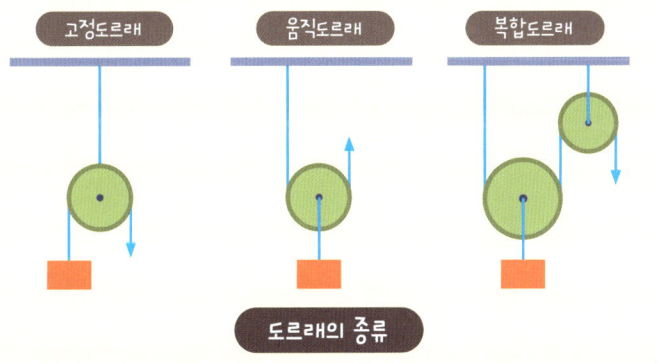
도르래의 종류

우물물은 지하 깊숙이 있어 줄을 길게 단 두레박으로 퍼 올려야 해요. 하지만 두레박에 물이 담기면 무척 무거워서 줄을 잡아 끌어당기려면 많은 힘이 들지요. 무거운 두레박을 쉽게 들어 올리려면 '도르래'가 필요해요. 도르래는 바퀴에 홈을 파고 줄을 걸어서 돌려 물건을 끌어 올리는 장치예요. 도르래를 이용하면 적은 힘으로 무거운 물건을 들어 올릴 수 있지요.

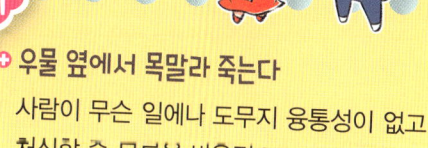

➕ 우물 옆에서 목말라 죽는다
사람이 무슨 일에나 도무지 융통성이 없고 처신할 줄 모름을 비유적으로 이르는 말.

➕ 우물가에 애 보낸 것 같다
어린아이를 우물가에 내놓으면 언제 우물에 빠질지 몰라 마음이 불안하다는 뜻으로, 몹시 걱정이 되어 마음이 놓이지 아니하는 상태를 비유적으로 이르는 말.
=우물둔덕에 애 내놓은 것 같다

➕ 우물에 가 숭늉 찾는다
모든 일에는 질서와 차례가 있는 법인데 일의 순서도 모르고 성급하게 덤빔을 비유적으로 이르는 말.

원님 덕에 나발 분다

원님과 동행한 덕분에 나발 불고 호화로운 대접을 받는다는 말이에요.
남의 덕으로 당치도 않은 행세를 하게 되거나, 그런 대접을 받고 우쭐대는 모양을 뜻하는 속담이에요.

내가 제일 잘나가!

새로 오신 원님이다.

아싸! 놀이공원 자유 이용권 2매 당첨됐다!

에이, 나는 꽝인데.

크크크. 역시 나는 운이 좋다니까.

부럽다!

나랑 놀이공원 같이 갈래?

진짜? 원님 덕에 나발 분다더니.

에헴! 내일 학교에서 콜라 맛 젤리가 먹고 싶구나.

예, 준비하겠나이다.

같은 속담 = 사또 덕분에 나발 분다

고을을 다스리는 원님

고려와 조선 시대에 각 고을을 맡아 다스리던 지방관을 '원님'이라고 해요. '수령' 또는 '사또'라고도 하지요. 원님은 왕이 임명하고, 임기는 5년이에요. 담당하는 고을의 농업을 관리하고, 행정을 맡아보며, 고을에서 일어나는 문제를 해결하지요. 그 밖에도 인구를 늘리거나, 선비들이 학업에 열중할 수 있게 뒷받침해 주는 역할을 하기도 했어요.

◀ 〈형정도:동헌 앞 재판〉, 국립 민속 박물관

◀ 관가 대청마루 의자에 앉아 재판을 관장하는 원님

길을 비키시오!

고을의 원님이 새로 부임하는 날, 길에서는 원님의 행차를 알리는 의식이 열려요. 화려한 깃발과 창검을 든 의장대, 나발을 부는 나발수, 악기를 연주하는 취타수 등이 함께해요. 마을 사람들은 원님의 행차 대열 옆으로 비켜나 머리를 조아리며 인사해요. 행렬대도 그 덕분에 사람들의 인사를 받을 수 있었지요.

우리 악기 중 유일한 금관 악기 '나발'

나발은 놋쇠로 긴 대롱같이 만드는데, 위는 가늘고 끝은 퍼진 모양으로 우리나라 전통 악기 중 유일한 금관 악기예요. 한 가지 음만 낼 수 있어서 주로 군중에서 호령하거나, 행진을 알릴 때 불었어요.

▲ 나발

오늘은 나발 부는 날, 신임 관리의 행차

아래 그림은 단원 김홍도가 새로 부임하는 관리의 행차를 그린 행렬도예요. 긴 두루마리에 그려진 이 그림은 길이가 6미터가 넘어요. 각종 깃발을 든 기수 마흔 여덟 명과 병졸, 악대, 아전과 노비, 기생, 가마를 앞세운 아녀자들의 행렬이 앞서 나가고, 이어 쌍가마가 등장하여 행렬의 중심을 이뤄요. 그 뒤로 수행하는 인원과 향청의 우두머리인 좌수 일행이 이어지는 긴 행렬을 그렸어요.

▲ 김홍도, 〈신임 관리의 행차〉, 18세기, 국립 중앙 박물관

56 윗물이 맑아야 아랫물이 맑다

물은 높은 곳에서 낮은 곳으로 흐르는 만큼 윗물이 깨끗해야 아랫물도 깨끗하다는 말이에요. 윗사람이 잘하면 아랫사람도 따라서 잘하게 된다는 뜻의 속담이랍니다.

윗물이 참 맑다.

그럼 아랫물도 맑을 테니 맛있게 잘 먹겠습니다!

벌컥벌컥

아까 보니까 너랑 동생 세트로 뭐 잘못 먹었어? 얼굴이 왜 그래?

그게 아니고. 어제 놀이터에서 놀고 세수를 안 하고 잤더니 이렇게 됐어.

뭐? 둘 다 세수를 안 했어?

내가 안 하니까 동생도 안 하더라고.

윗물이 맑아야 아랫물이 맑은 법이야. 너부터 본보기를 보였어야지.

평소에는 잘 씻는다고.

지난번에도 발 안 씻어서 학교에서 발 냄새 났잖아.

그런 건 넣어 뭐!

한자 표현

- **上濁下不淨**(상탁하부정) 윗물이 흐리면 아랫물도 깨끗하지 않다
  上 윗 **상** / 濁 흐릴 **탁** / 下 아래 **하** / 不 아닐 **부(불)** / 淨 깨끗할 **정**

- **君子之德風**(군자지덕풍) 군자의 덕은 바람과 같아서 백성은 모두 그 풍화를 입는다
  君 임금 **군** / 子 아들 **자** / 之 갈 **지** / 德 덕 **덕** / 風 바람 **풍**

윗사람은 아랫사람의 본보기

이 속담은 자연의 이치에서 생겨난 속담이에요. 굽이진 산의 계곡물은 높은 곳에서 낮은 곳으로 흘러요. 윗물을 흐리면 당연히 아랫물도 흐려지는 법이지요. 사람의 관계에서도 윗사람은 아랫사람의 본보기가 되어야 해요. 그렇지 않으면 잘못된 걸 보고 배울 수 있어요. 이와 같은 뜻을 담은 속담으로 '정수리에 부은 물이 발뒤꿈치까지 흐른다'가 있어요. 윗사람이 나쁜 짓을 하면 곧 그 영향이 아랫사람에게 미치게 됨을 뜻하는 속담이에요. 같은 속담으로 '꼭뒤(뒤통수의 한가운데)에 부은 물이 발뒤꿈치로 내린다'와 '이마에 부은 물이 발뒤꿈치로 흐른다'가 있어요.

중력의 원리

높은 곳에 있는 물이 아래로 흐르는 이유는 '중력' 때문이에요. 중력은 지구가 물체를 지구의 중심 방향으로 끌어당기는 힘이에요. 가지에 매달려 있던 사과가 떨어지고, 위로 던진 공이 다시 아래로 떨어지고, 처마 끝에 달린 고드름이 아래로 자라고, 우리가 땅을 딛고 설 수 있는 것도 모두 중력 때문이지요.

중력은 다 다르다

달은 지구 중력의 6분의 1밖에 안 돼요. 지구에서 6킬로그램이었다면 달에서는 1킬로그램밖에 안 되지요. 왜냐하면 지구와 달의 중력이 다르기 때문이에요. 심지어 우주 공간에서는 무중력 상태예요. 무중력 상태에서는 아래로 끌어당기는 힘이 없으므로 아무리 무거운 물체라도 공중에 둥둥 떠 있어요.

속담 더하기

◆ **고인 물이 썩는다**
흐르지 못하고 한곳에 고여 있는 물은 썩는다는 뜻으로, 사람은 부지런히 일하고 자기 자신을 발전시켜야지 그저 가만히 있으면 제자리에 머물러 있거나 남보다 뒤떨어지기 마련임을 비유적으로 이르는 말.
= 고인 물에 이끼가 낀다

◆ **맑은 샘에서 맑은 물이 난다**
근본이 좋아야 훌륭한 후손이 나온다는 말.

여긴 사람이 많네.

◆ **물이 깊어야 고기가 모인다**
일정한 바탕이나 조건이 갖추어져야 그것에 합당한 내용이 따르게 됨을 비유적으로 이르는 말.
= 덤불이 커야 도깨비가 난다
= 산이 깊어야 범이 있다
= 숲이 깊어야 도깨비가 나온다
= 숲이 커야 짐승이 나온다

◆ **물이 너무 맑으면 고기가 아니 모인다**
사람이 지나치게 결백하면 남이 따르지 않음을 비유적으로 이르는 말.
= 맑은 물에 고기 안 논다

57 입은 비뚤어져도 말은 바로 해라

입이 비뚤어져 말하기 힘든 경우에라도 말은 올바르게 하라는 말이에요. 상황이 어떻든지 말은 언제나 바르게 하여야 함을 뜻하는 속담이랍니다.

채팅
- 아싸, 이번 겨울 방학 때 키 10센티미터나 컸다!
- 우아, 좋겠다!
- 그래서 어린이 모델 콘테스트에 나가 볼까 하고.
- 진심이냐? (-_-)
- 이미 지원서도 다 썼는걸.
- 네 얼굴로 되겠어?
- 입은 비뚤어져도 말은 바로 해라. 내가 어때서?
- 어버버버. 뭐래니. 나, 비뚤어질래! ㅋㅋ

말풍선:
- 어쩜, 난 비뚤어진 입도 예쁜 거 같아.
- 야, 말은 바로 하라고!

같은 속담
= 입은 비뚤어져도 주라는 바로 불어라

입이 비뚤어진 탈

원래 하회 별신굿 탈놀이의 '초랭이'라고도 부르는 초라니(양반의 하인) 탈은 입 비뚤이 탈이었어요. 튀어나온 눈알에, 납작하게 눌린 코, 비뚤어진 입으로 하찮게 표현했지요. 이에 반해 양반탈은 좌우 대칭이 올바른 탈이었어요. 그러나 점점 민중의식이 성장하면서 양반에 대한 반감이 커지자 초라니 탈과 양반탈의 생김새가 바뀌어 갔어요.

▲ 초라니 탈

안동 하회 별신굿 탈놀이

예부터 경상북도 안동 하회마을에서는 별신굿 탈놀이가 전승되어 오고 있어요. 광대들은 얼굴에 탈을 쓰고 가면극을 하는데, 마을의 안녕과 풍년을 기원하는 동시에 양반 계급에 대한 고발이 주된 내용이에요.

하회 별신굿 탈놀이의 등장인물

하회 별신굿 탈놀이에 등장하는 인물로는 양반, 선비, 각시, 할미, 이매(선비의 하인), 부네(양반과 선비가 서로 차지하려는 젊은 부인), 초라니, 중, 백정 등이 있어요. 각 인물들의 탈은 국보 제121호(10종 11개)로 지정되어 있답니다.

말이 통하지 않아 세우지 못한 바벨탑

바벨탑은 구약 성경의 〈창세기〉에 나오는 탑이에요. 바벨에 사는 노아의 후손들이 대홍수 후 하늘에 닿을 수 있는 탑을 쌓기 시작했으나, 그걸 지켜보던 신이 노하여 사람들 사이에 방언을 쓰게 해 서로 말이 통하지 않게 했어요. 그러자 더 이상 탑을 쌓을 수 없었지요. 네덜란드의 화가 피터르 브뤼헐이 그린 〈바벨탑〉은 공사를 다 마치지 못한 채 구름까지 솟아 있는 거대한 건축물을 생생하게 묘사하고 있어요.

▲ 피터르 브뤼헐, 〈바벨탑〉, 1563년, 오스트리아 빈 미술사 박물관

속담 더하기

- **눈은 풍년이나 입은 흉년이다**
  눈에 보이는 것은 많아도 정작 먹을 것은 없음을 비유적으로 이르는 말.

- **들은 귀는 천 년이요 한 입은 사흘이라**
  모진 말을 한 사람은 쉽게 잊고 말지만 그 말을 들은 사람은 쉽게 잊지 못하고 두고두고 상처를 받는다는 말.

- **몸은 개천에 가 있어도 입은 관청에 가 있다**
  가난한 주제에 잘 먹고 잘 지내려는 경우를 이르는 말.

58 자라 보고 놀란 가슴 솥뚜껑 보고 놀란다

자라를 보고 놀랐던 경험이 있는 사람은 비슷하게 생긴 솥뚜껑만 봐도 놀란다는 말이에요. 어떤 사물에 몹시 놀란 사람은 비슷한 사물만 보아도 겁을 낸다는 뜻의 속담이랍니다.

으악! 자라가 나타났다!

그거 솥뚜껑이거든.

으악!!! 거미 사진을 왜 보냈어!

엥? 거미가 아니고 방울토마토 꼭지야.

어휴, 심장이야.

뭘 그렇게까지 놀라냐.

내가 제일 무서워하는 게 거미란 말이야.

자라 보고 놀란 가슴 솥뚜껑 보고 놀란다더니.

근데 방울토마토 꼭지 사진은 왜 보낸 거야?

아, 꼭지를 따서 보관하면 신선한 게 더 오래간대.

그걸 왜 나한테…. (-_-)

같은 속담
- 더위 먹은 소 달만 보아도 헐떡인다
- 뜨거운 물에 덴 놈 숭늉 보고도 놀란다
- 불에 놀란 놈이 부지깽이만 보아도 놀란다

영어 표현
* A burnt child dreads the fire.
한번 불에 덴 아이는 불을 무서워하기 마련이다.

자라와 솥뚜껑

자라의 등딱지는 부드러운 피부로 덮여 있는데, 중앙선 부분만 단단해요. 약간 돌출된 줄이 있으며, 푸르죽죽한 회색을 띠고 있지요. 옛날에 밥을 짓거나 국을 끓일 때 주로 쓰던 가마솥은 꼭지가 달린 뚜껑을 덮어 썼어요. 이 솥뚜껑은 시커멓고, 줄이 그어져 있어서 자라의 등딱지와 비슷하게 생겼어요. 자라에게 한 번 물려 본 적 있는 사람은 솥뚜껑만 봐도 자라인 줄 알고 놀라지요.

▲ 꼭지 달린 뚜껑을 덮은 가마솥

알고 보면 무서운 자라

자라는 위험한 상황에서는 머리와 목을 등딱지 속으로 완전히 집어넣지만, 먹이를 발견하면 목을 쭉 빼서 꽉 물어요. 육식 동물이라서 이가 아주 튼튼하고 무는 힘이 세요. 게, 물고기, 개구리 등을 잡아먹는데, 먹이를 한 번 물면 절대로 놓지 않아요. 끝이 가늘게 튀어나와 있는 주둥이는 마치 작은 악어의 입 같아요.

자라와 거북, 달라 달라!

자라와 거북은 생김새는 비슷하지만, 자세히 보면 완전히 달라요.

자라		거북
날카로운 이빨이 있어요.	이빨	이빨이 없어요.
물렁물렁하고, 무늬가 없어요.	등껍질	딱딱하고, 무늬가 있어요.
알을 낳을 때 빼고는 물속에서 생활해요.	사는 곳	물과 육지를 오가며 생활해요.
사납고 공격적이에요.	성격	온순하고 겁이 많아요.

속담 더하기

➕ **자라 알 바라듯**
자식이나 재물 따위를 다른 곳에 두고 잊지 못하여 늘 생각하는 경우를 비유적으로 이르는 말.